zik1

coeng4

wai4

lou4

職場圍爐

辦公室情緒詞典

吾係心理學家　著

U0061917

非凡出版

前言

到底情緒
是甚麼？

情緒是複雜的。

情緒是自然反應，很難被直接改變，不能以問題解決模式「處理」或「解決」。

情緒可以由外在事情引起，同樣地，內在經驗也可以激起情緒反應。

情緒、思想、身體反應和行為是互為緊扣的。情緒會影響思想、行為、身體反應；思想、行為、身體反應同樣會影響情緒。

情緒就像一個溫度計。溫度有高亦有低，但其實沒有所謂好壞，也沒有正面和負面，而是每個人生活經驗的一部分。

情緒不可恥亦很有用

I. 情緒能夠給予我們有用的資訊

　　情緒是我們面對不同事情、經驗的自然反應，反映出自己的經歷，以及個人特質（舉例說，感到委屈是因為覺得不公平，而你是一個重視公平的人）。它也好像我們與生俱來的「訊號燈」，可以作為一種警告，提示我們危機的存在，好像在黑暗環境中我們會覺得緊張，以至於我們會不期然小心一點，甚至選擇走另一條路。

　　情緒來得快，幫助我們對外界發生的事情可以作出即時反應。但要注意的是，情緒並不等於真相／事實，我們不應該將兩者視為相等（感到害怕未必就等於一定是有危險）；反之，應儘量保持好奇開放的心態去探索自己的情緒反應，學習分辨情緒是否與現實相符。

II. 情緒不但影響自己，更可以影響人與人的溝通

　　情緒可以透過身體語言、生理反應、行為說話等表達。而你亦可以透過觀察他人的反應，得知對方可能正在經歷的情緒。人與人之間的情緒也會互相影響，在溝通與互動中產生改變。

III. 情緒可以帶來動力，為我們將做的事情準備好自己

　　隨着人類不斷演化，有些情緒反應變成了與生俱來的基本。這些情緒提醒我們心理或外在環境的挑戰，幫助我們在危機中保持警惕，激活人體的神經系統，讓我們能迅速因應身邊環境作出反應，做出保護自己的行動以求生存（保命）。

情緒管理：社會大學 101？

有指工作佔用我們人生大約三分之一的時間，是我們人生中的很大部分。

從畢業成為職場新鮮人開始，直到退休，每天營營役役。無論你的工作是定時定候朝九晚六、輪更、半職或是自由工作（Freelance），也會無可避免地遇到無數個難題，以及令你不愉快的景況。形形式式、大大小小的壓力源，足以引發複雜的情緒反應。正所謂「人生不如意事十常八九」，我們的心情就像過山車一樣，高低起跌應有盡有。

職場內外，大部分事情我們都無法控制，除了工作本身，還有人際關係、工作安排、企業架構等挑戰，它們天天在牽動我們的情緒。一些正式和非正式的研究也提出，雖然同事上司好壞、工作負擔等外在因素，絕對可以影響一個人所承受的壓力，但是每個人本身的應對、如何轉化外在環境的挑戰，同樣可以「化腐朽為神奇」。一些熱愛自己的工作，或是內在動力很高的人，即使面對龐大的工作量和壓力，也有方法調整自己的狀態，維持身心健康。所以，面對職場壓力，內在和外在因素一樣重要，調節情緒的能力大大影響我們整體的工作滿意度、表現發揮，以至在職場的去留。

本書描述了幾種常見的情緒及我們可能會遇見的不同情境，除了希望引起大家共鳴、跟大家一起抒發情緒（畢竟筆者們也是打工仔）之外，也期望帶領大家探索自己的情緒，找尋一些能夠幫助自己調節情緒的方法，更好地與情緒共處，讓我們可以更有彈性地面對職場壓力，甚至發現自己新的一面。

總括而言，情緒是人類對外界事物、經驗的自然反應，具有幫助人類生存的作用。我們需要思考的，是如何在職場努力掙扎之餘，亦與情緒好好相處。當我們有效地正視和運用情緒的影響力，帶來的可能不只是微小改變，更關係到整個人的成長和轉化。

　　當我們不懼怕認識和覺察自己的情緒，才會更有勇氣面對在職場中可能遇到的各項挑戰，繼而重新與自己、他人、世界連結。

　　書中內容主要是針對不需要專業協助的群體，例如一般面對日常壓力的「打工人士」。如你正在經歷任何無法承受的情緒困擾，以致嚴重影響日常生活（例如嚴重失眠、無法上班上學、每天解決該問題可以用上一小時或以上，甚至很難維繫良好人際關係等），請儘早向專業人士求助。

目錄

【第 2 章】

孤單

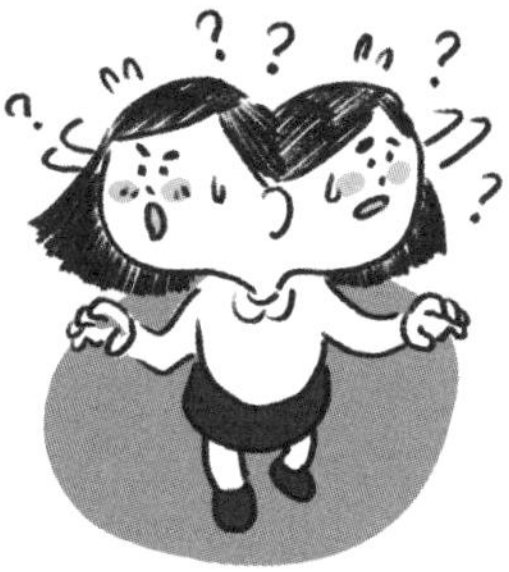

【第 3 章】

憤怒

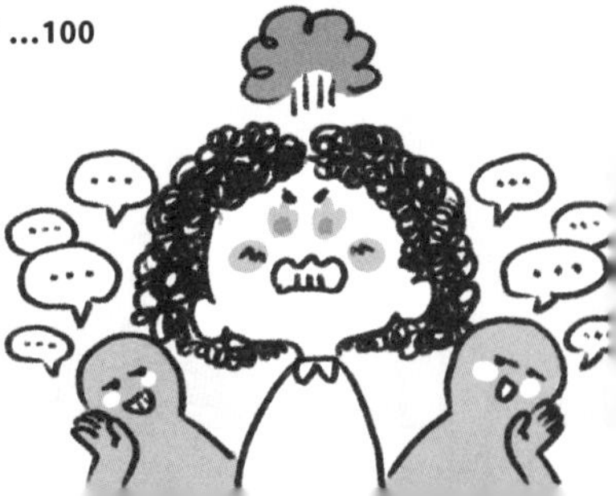

〔第 6 章〕

厭惡

❈　　　❈　　　❈

〔第 7 章〕

委屈

❈　　　❈　　　❈

【第１章】

zeoi2　　　　song3

沮喪

zeoi2　song3

【釋義】情緒低落、灰心喪志。

【近義詞】

頹廢：意志消沉、精神衰敗。

厭倦：不再喜歡或提不起興趣。

迷惘：困惑而不知所措。

絕望：徹底失望。

參考資料：《國語辭典簡編本》第三版

「嘩嘩嘩……嘩嘩嘩……」我緩緩地伸手按下鬧鐘，挪動着疲倦的身軀，準備梳洗上班。

我一如以往地在八時正到達公司附近，到茶餐廳點個常餐，喝杯熱奶茶，開始恒常的一天。我九點準時回到崗位，再到六點下班。過去十年來，每天如是。

畢業後，我便開始在這家公司開始工作。還依稀記得，當初的我滿腔熱情和衝勁，而這份工作以前也充滿挑戰和機會。

碰到不明白的事情，我會主動發問。

遇到困難的狀況，我會努力嘗試。

獲得難得的機會，我會用心準備，盡全力做好。

轉眼間十年過去了，不知不覺已身處此崗位那麼多年，大部分工作都做慣做熟。然而，我卻不如以往般充滿熱誠，彷彿失去了「那團火」，猶如一條沒有夢想的鹹魚。

有時候我會問自己：

「為甚麼我不能像以前一樣？我以後的生活是不是也得如此渾渾噩噩地度過？」

但這些念頭始終都只是念頭，思索過後其實都不會改變得了現狀。我雖然想嘗試新事物，但又無法拋下現在的一切。

「算吧，我也做不了甚麼。我根本完全沒有方法改變現狀，我糟糕極了。」

熄滅的那團火

一路見證着自己從充滿熱誠，到現在每日頹廢地過日子。

也許你會感到失望和疑惑，不理解自己的這份改變。

也會因為這個處境而感到無奈和矛盾。始終自己不再青春，不再處於搜尋人生方向的階段。無法因為對工作失去興趣，就對自己說「不喜歡就別做吧，應該還有其他方向吧」。即使只是工作了一兩年，這都不是能夠輕鬆下的決定。更何況是工作了十年多，轉職的決定彷彿變得更遙不可及。

工作佔據日常生活的一大部分，失去了熱誠和初心，失去了

目標，固然會感到沮喪，更會因為置身於這個自己彷彿無法改變的處境而感到插翼難飛。

跳出框框　破解沮喪感

I. 創出新做法，挑戰出自我

每天的工作如一，工作慢慢失去了靈活性和挑戰性，固然會感到沉悶。「我根本無法改變現狀，我糟糕極了」其實是一個想法。至於是否反映着事實，可透過各種辦法去求證，其中包括行為實驗（Behavioral Experiment）。

行為實驗是 CBT（Cognitive Behavioral Therapy，中譯：認知行為治療）中一個重要且常用的技巧（Beck, 2020)。透過在生活中的行為上嘗試作出一些改變，獲取有效的資訊去測試自身的信念或假設。研究顯示，行為實驗能夠有效地帶來情緒和思想上的改變（Bennett-Levy et al., 2004)。行為實驗不需要大動作的改革，反而可以從小事開始。

在職場上，你可以發揮你的想像力，為一成不變的工作加設些小改動。例如 [1]：

- 改變恒常工作的前後次序：本來先做 A 和 B，現在放到最後才完成；

---

[1]　行為實驗在 CBT 中是有標準步驟的，文中所述為簡化版。

- 在工作中加入新元素：邀請新同事一起處理案子，互相學習；

- 用全新的方法去完成同樣的工作：重新設計一個新的模板。

經過實戰後，也許你會得出一個更符合現實的想法作結論——「即使微小，我知道我也有一定能力去改變現狀」。隨着思想上的改變，從前沮喪的情緒也會得到緩解。

II. 請助我一臂之力吧

工作了十年就必定會目標清晰、事業穩定嗎？答案是不一定。任誰都會有感到迷失的時候，不論是任何階段，有需要便去尋求協助吧！你可以找個信賴的前輩，分享自己內心的想法，同時汲取他過往的經驗。另一方面，約見輔導員或治療師也是一個選擇。在其他人身上，你將能獲得新的觀點和方向。

1.2

究竟我為何要工作？

　　Tom 每天看着電腦找資料，噼哩啪啦地敲着鍵盤，非常忙碌似的，可外人看不見的是，坐着的 Tom 其實只剩空殼。他很想有一天可以在適合自己的職場上發揮自身優勢和長處；現實卻是殘酷的，工作內容不如自己預期。Tom 雖然喜歡與人溝通，可現在只能每天花上九小時與電腦對話，整天對着屏幕上密密麻麻又不知所云的文字，讓他下班後靈魂也飄走了，連自己喜歡的事也沒有動力做。

　　你能夠體會故事中 Tom 的感覺嗎？

　　他在工作中找不到屬於自己的熱情，只有「刻板」、「重

複」、「沉悶」能夠形容他每天的上班生活。喜歡與人溝通的 Tom 無奈地只能找到現在這份文書工作，加上同事都埋首工作，即使是午後小休，同事們都甚少溝通，最多也是聊工作，可想而知這對於 Tom 來說是多麼乏味。雖然 Tom 想改變，但是他認為這份工作的待遇也算不錯，最大的缺點就是工種完全不適合自己。這種矛盾的感覺也是你的寫照嗎？

很想放棄，不斷拖延，每天只想下班，每月只期待發薪水的一天，這是非常正常的現象，即使本來對工作充滿興趣的人，他們的熱情也會慢慢被磨滅得一乾二淨。更何況是對現職完全沒有興趣的你們，真的是「每天也在捱」。

如果能夠發掘出自己有興趣的範疇而又有機會轉換環境的話，那就要恭喜你；但是如果暫時未能輕易脫離難受的境況，那麼可以改變的就只有自己的心態。讓我們來看看情緒究竟扮演着怎樣的角色？

解構情緒

面對沒有興趣的工作，甚至在工作中不能找到自己的價值，可以想像，工作時會為我們帶來很多很多的沮喪、迷失，不知道自己付出的努力究竟可以帶自己走到哪裏。努力過後，未必能帶來甚麼改變，最後演變成失望，甚至是對自己、對他人的憤怒。

我們不斷努力但也無法實現自己的目標和期望，或是獲得自己想要的回饋，便有可能產生「沮喪」的情緒，沮喪源於努力和期望的落差。這種落差可以追溯到兒童時期，如果小孩做每件事

也被責罵、批評，他們便有可能慢慢變得缺乏自信。反之，當小孩感覺能夠勝任自己要做的事，繼而取得成功感後，便會慢慢建立出更多能力感。而這種能力感可以在我們面對困難時，幫助我們從沮喪的感覺中慢慢恢復過來——縱使遇到挫敗，都不能打擊我們的自我價值。

反觀現在，當我們感到沮喪之際，有沒有一種連自己也看不起自己的感覺？或是覺得自己無論如何也不能達到期望的目標？有些人甚至會因而厭惡工作，導致工作動力減低。如果出現上述情況，我們可以再仔細想一想，這是否與我們的自尊或自我價值有關？

不過，要了解自己的自尊高低，甚至幫助自己建立自尊，就要先看看甚麼是健康的自尊。

自尊是一個人主觀的自我價值認可，認為自己生而為人是有價值的。健康的自尊是一個大概念，含有多方面的自我認知，包括對自己的接納、包容、尊重、信心，並且重視自己的價值及形象。很多時候，過往的成長經歷會影響一個人如何看待自己。例如在孩童時期若獲得足夠成功感，便會慢慢建立能力感，繼而發展出較健康的自尊——對自己更有信心，認同自己的價值，更重要的是當面對挫敗時也會接納自己，不會輕易讓自己的自尊受傷害。

因此，要重拾自尊，我們需要學習重新接納那個不完美的自我，在生活中建立能力感。以下是一些具體方法供大家參考：

i. 接納限制；

ii. 學習讚賞自己和別人；

iii. 在工作以外，尋找一些你擅長的興趣去鑽研；

iv. 建立良好的人際關係；

v. 從小事開始，發掘自己的好奇心（對象可以是自己、別人及世界）：

- 挑戰自己（而不是單單着重工作本身）——工作中有甚麼可以更加盡善盡美？甚麼細節你可以注意到，但其他人不能？

- 從細節中找到自己的優勢／從細小事項中發掘自己的價值（他人未必留意到）；

- 了解工作中的困難，尋找克服困難的方法，從而建立自我效能感 —— 相信自己能夠完成／處理一些較有挑戰性的工作（但非不可能的任務），並下決心去做。

1.3

人冇夢想就像一條鹹魚

　　Tom 每天準時早上九時上班，下午五時下班，過着穩定的生活，領着穩定的薪水。要照顧一家四口的 Tom 其實也挺滿意自己能夠找到這一份穩定的工作，讓他好好養家。可是，他已經在同一個崗位工作了七年，每當想到自己未來不知有多少年要待在這個崗位時，Tom 便產生一種莫名的空虛失落感。這種感覺源於對工作甚至生活的麻木。Tom 的確能夠完成大大小小的任務，工作以及生活都尚算應付得到，但是本來喜歡挑戰及改變的他，因為太過穩定而感到沮喪空虛。

　　對於 Tom 來説，「工作」只是賴以維生，對自己沒有任何意義，有時候甚至認為自己的工作沒有價值。當初選擇這份工作也

是由於其穩定性，又認為其他因素，例如興趣、熱情或夢想等，只是不切實際的部分。

現今社會判斷一個人的成功與否，往往取決於他是否名成利就、是否達到某些社會標準。因此，工作穩定、薪高糧準，確實具有莫大吸引力，加上經濟及家庭因素等，Tom 這個選擇的確合乎情理亦可以理解。但（工作）意義亦是人生的一部分，工作上太過穩定以致對工作失去熱情，其實也正在摧毀你對生活的熱情，慢慢會變得麻木，找不到生命中屬於自己的感覺。空虛空洞的感覺其實跟非常強烈的情緒一樣，會帶來內心掙扎、不安和沮喪，非常難受。

做一條鹹魚更好？

Tom 其實正正是在經歷生命中一個渴望改變的掙扎。我們可參考人類面對壓力時（Tom 經受的是希望改變現狀的壓力），可能出現的「戰鬥或逃跑反應」（Fight or Flight Response）：

- 戰鬥（Fight）：不斷找事來做以填補空虛，證明自己的價值，對自己嚴格苛刻；

- 逃跑（Flight）：可能會甚麼都不多做，完成工作就好，就算腦袋裏有很多想法卻不敢採取行動，只想逃離現實的壓迫。長期受壓、不斷逃避，結果剩下空虛沮喪。

戰鬥或逃跑反應其實是人類面對危機時的自動求生機制，有保護自己的功用，但這機制的啟動應是短暫的，危機過後該自動回復常態。但若機制長期持續，便有可能出現抑鬱、焦慮等現代人常見的情緒困擾。

現在讓我們來一個互動遊戲吧，試試填寫以下這份工作拖延量表[2]，測量一下自己在工作中的「拖延度」有多高（Metin et al, 2020; Wang, Meng & Liu, 2021）？

工作拖延量表

請你根據實際感受和體會，判斷下面 12 項描述是否能夠形容你工作的情況，並填上最貼切的分數。判斷標準：從不（1分），甚少（2分），間中（3分），經常（4分），總是（5分）。

☐ 1. 在工作中，即使做了計劃，我也會延遲執行。

☐ 2. 在開始必須要做的工作之前，我會拖延。

☐ 3. 我工作時會因很渴望休閒放鬆，愈來愈難進入狀態。

☐ 4. 當工作任務無聊時，我會發呆走神，難以專注工作。

☐ 5. 儘管有更重要的事情要做，我也會先處理輕鬆的任務。

☐ 6. 當工作任務繁重時，我會選擇逃避制定計劃，並去做一些與工作無關的事情。

☐ 7. 工作中休息時，我會儘量休息久一點。

☐ 8. 對一些不喜歡的工作，我會拖延。

☐ 9. 上班時間，我因為私事使用聊天軟件。

☐ 10. 上班時間，我花在社交網站的時間超過半小時。

2　此工作拖延量表僅供參考用途，不能構成任何診斷，建議小心使用及闡釋。如有任何懷疑甚至困擾，請儘早向專業人士求助。

□ 11. 上班時間，我上網看新聞。

□ 12. 上班時間，我上網購物。

　　工作拖延量表使用須知：分數加起來愈高，工作拖延度愈高。第一至八題針對工作時 Soldiering[3] 的情況，而第九至十二題就量度工作中 Cyberslacking[4] 的情況。

完成以上問卷後，你取得甚麼分數？

　　其中一個比較常見的逃避行為是拖延，會在這個小節裏集中討論。導致拖延的原因有很多，從行為動機的角度看，假如工作或任務都是基於外在動機（如金錢、其他獎勵等），而對該工作或任務本身並沒有任何興趣或其他內在動機，便很容易引發拖延行為（Fishbach & Woolley, 2022）。就 Tom 的情況而言，他處於一個兩難局面——擔心真正令自己有意志決心去行動的工作不能滿足現實所需，以致感到心理上的渴望與現況對立，令他變得麻木、逃避思考，繼而連日常工作和生活任務，例如每週也要處理的工作或家務也只能勉強完成。當然，並非所有人也是由上述原因誘發拖延行為，可以多加覺察並檢視自己的工作情況，了解是否有其他因素，譬如身心疲憊或工作壓力過大引起拖延行為，這可能是一個警號，提醒自己要好好休息，使身心靈復甦。

3　Soldiering，筆者翻譯為「捵波鐘」（拖時間）；形容工作時沒有不良動機地）進行工作以外的活動，例如用較多時間在茶水間休息，或者坐在辦公桌前發白日夢等。

4　Cyberslacking，筆者翻譯為「網絡蛇王」（為偷懶而上網）；形容工作期間因私事而上網或使用手機。

話說回來，逃避可以讓我們暫時忘卻一些令人不舒服的感覺和情緒，繼續面對生活，這其實也是人類的生存方法之一。但逃避過後，不舒服的感覺和情緒並不會消失，甚至可能會繼續累積，隨時爆發。相反，若我們能夠重燃對工作及生活的熱情，或許可以幫助我們紓減日復一日的沮喪感。一個人對工作及生活有熱情，往往是因為他正在活出最真實的自我，所做的事也貼合自己的價值觀。有見及此，找回自己最真實的感覺，是其中一個令自己不再那麼沮喪的方法。請問一問自己：

i.　個人方面

- 你想成為一個怎樣的人？（能夠做一些事？完成一些夢想？）

- 你最重視的是甚麼個人特質？（能力／性格／優點／品格等）

- 你希望自己的人生是怎麼樣？

ii.　工作方面

- 工作中哪一個部分是你最享受的？

- 工作佔據人生中一大部分，你的工作能夠令你更享受人生嗎？

這些問題可以帶領我們思考更多個人內在感覺和自己真正熱衷的是甚麼。當然，我們未必能夠一下子完全弄清楚所有問題的答案，但這是重要的第一步。我們可以先找一個小興趣或小期望（例如想培養一項技能），然後嘗試為此設定一個目標，幫助自己往前走，作出一些小改變。

設定目標也有竅門，例如最好能夠由短期到長遠目標，每走幾小步就可以邁出一大步。而制定目標時可以參考以下標準：

SMART 目標（SMART Goal）

- 具體（Specific）：事實是具體切實，有目標性的；
- 可量度（Measurable）：有方法去量度和衡量自己是否達成目標，例如數字 / 分數；
- 可達成（Achievable）：目標是可以實現而非天馬行空的；
- 相關性（Relevant）：目標之間應存在關連性；
- 有時限（Time-based）：設立實行的日期和時間。

例子：「我希望享受人生」

短期目標：

i. 每個周末做一樣自己享受的活動（如看書、拍照等）

ii. 每個月主動聯繫一個朋友（前提：我享受與他人互動及交流）

長期目標：

iii. 五年內完成人生必做清單（Bucket list）上的一個項目

有時候，一些小小的目標和期望也可以帶來很大改變，所以筆者非常鼓勵大家嘗試靜靜坐下來思考一下你對生命及工作的熱情在哪裏，並嘗試踏出一小步，做一些自己真正喜歡的事情。即使與工作無關也好，能夠發揮自我，才可創造一個令你享受之餘又有價值的人生。

1.4
還我生活

John 心想:「今晚差點要睡在公司。」此時坐在尾班車上的他,仍想着工作的事,擔心着明天要交的報告。這天已是他連續第三個星期要嚴重超時工作。

他不知道這樣的情況要到多久才會完結。

他不想離職。

沮喪的感覺湧上心頭。

然而,John 只可以默默地將淚水吞下,然後回家睡覺,幾個小時後再上班。

不論你是否需要經常超時工作，現代人總是拿着手機或電腦，又因為疫情令很多人在家工作（WFH），導致工作與生活之間的平衡好像逐漸跟以前變得不太一樣。很多人下班後仍會檢查電郵、回覆上司或同事的訊息、處理工作的事務。種種習慣的改變令人無法真正下班。即使可以離開工作的地方，也需要在上班時間以外繼續工作。

很多時候，同時處理太多工作，不會讓你變得更有效率。相反，我們可能會因為太過疲累而沒有動力繼續下去，又或是將往時的熱情都磨滅淨盡。工作沒完沒了，內心反覆浮現「究竟何時會完結？」「其實我在幹嘛？」「繼續留在這裏真的好嗎？」，反映出你可能走進了一個死胡同，除了沮喪，再也沒法找到任何別的感覺。

重訂工作與生活界線

當你發覺已經沒有自己的生活空間，正正就是一個警號，提醒你不能夠再繼續利用大部分甚至所有私人時間來應付工作，需要有更好的方法為工作和生活重新建立健康的界線。這樣才能可持續地發展自己的事業而不過勞。

I. 如何更好地建立工作與生活之間的界線？

好好管理時間，做一個真正的「時間管理大師」。

這裏的時間管理，不只是將不同活動和工作所需要的時間列出來，而是分別記錄目前自己的時間分配，以及自己理想中的時間分配。嘗試將一星期中的每一天 24 小時的所有時間寫出來，

即一星期加起來共 168 小時，看看當中究竟有多少時間是分配給工作，多少是生活的其他部分，包括睡覺、學習、乘車、玩手機、運動、跟家人相處等。

在另一個列表上，可以寫出自己理想中的時間分配。嘗試利用上一節〈1.3 人冇夢想就像一條鹹魚〉中的思考問題，想想自己希望成為怎樣的人、重視的是甚麼，這個列表上的時間分配須建基於跟自己價值觀相近的活動上。例如重視跟家人相處，便安排更多時間給家庭活動。

價值觀未必一時三刻可以想得到，大家或者可以試試想像自己一直維持現在的生活 10 年、20 年，甚至到了 80 歲時的情況，你會期望自己有甚麼改變（會做甚麼或不做甚麼）？

檢視一下這兩個時間分配表，將你覺得需要加多或是減少的時間放在「理想中」的時間表上，然後在未來這一個月開始慢慢實行新的時間表。

II. 加入分隔活動

隨着科技滲透進我們生活的每一部分，導致工作與生活之間的界線愈趨模糊。很多時候，即使我們已經離開辦公的地方，仍然可以使用手提電話或電腦工作，例如乘車時檢查電郵、回覆上司訊息。這些行為都在告訴腦袋「我們仍在工作」，就算沒在看任何有關工作的東西，腦袋也好像沒法停下來似的，不斷想着有關工作的事情。

有見及此，可試試在離開工作場所後，快將進入另一場景（如寓所、餐廳等）之前，利用途中的時間，進行一些放鬆練習

或靜觀練習，讓自己暫時切斷與工作的連繫，好好準備投入生活的其他部分。

III. 調整期望

首先是對外，調整職場上其他同事對我們可承受工作量的不合理期望；其次是對內，調整對自己的期望。有時候，我們會不自覺地將大量工作放在自己身上，到了非常緊迫之際，才發覺很難完全獨力處理。故在接受派來的工作前，可先把完成每一個任務所需的時間，大約設定為自己預期的多三倍，這樣才可以讓自己有足夠的時間應付所有工作。

調整其他同事和自己對工作的期望，並不代表缺乏能力或推卸責任；相反，清楚自己能夠完成多少，好好平衡工作與生活，才是對自己和身邊人更負責任的表現。

1.5
職場奴隸生活

「點解可以做極都做唔完㗎！」John 不禁在辦公室大叫，可是壓根兒沒有人回應他，因為辦公室裏的同事都早已下班了。

晚上 11 時，John 的桌面上還堆疊着一份份有待處理的文件，電腦熒幕上的分頁已經多得不能再多。

現今「打工仔」對工作的最大投訴，往往是龐大的工作量。在追求業績的社會，幾乎沒有一份工作可以讓職員「準時放工」！甚至乎，一個「社畜」日常所應付的如果是正常的工作量，才是不正常。

顯然，我們都很希望自己能夠完成被指派的工作。可事實

上，很多時候所分配到工作量可能並不在合理範圍內，但是又無法拒絕，只有默默承受，即使再趕急的工作，也強迫自己盡力在死線之前完成。眼前堆積如山的工作，有如森林中的猛獸，為我們帶來壓力，令我們產生壓力反應。

排山倒海的工作，沒完沒了的任務，令我們感到有心無力。然而，時間緊迫，再無力你也得用最短的時間、以最大的能力希望達到合乎標準的成果。長時間的壓力山大，避無可避的超時工作，迫使你的身體消耗 120% 能量讓自己可以堅持。就這樣，身體愈來愈繃緊，積累的壓力與反應疊加，形成惡性循環。

無結果、心累、辛苦……慢慢堆疊成沮喪的感覺。不知道不斷地努力追趕死線的日子何時會完結？不知道結果是不是自己預期的好／符合期望？自己這樣努力又會有人知道／欣賞嗎？心裏充滿疑問、懷疑、不確定，令沮喪的感覺更為強烈。還伴隨着憤怒、焦慮、睡眠困難、全身繃緊、難以集中精神甚至記憶力變差等等的身心壓力反應。

繁忙中也要紓壓

此時此刻，你正在應付的不只是桌上堆疊得滿滿的工作，更是一場心理上的戰役。當然，你很清楚自己並不是自己的敵人，而是盟友，所以無論面對的工作多麼繁重、時間多麼緊迫，你要做的是先讓自己釋放堆疊已久的壓力。照顧好自己，才有力量面對更多更難的工作，甚至生活挑戰。以下是一些小貼士，讓你停一停，然後再努力！

I. 還原基本步！

提醒自己需要休息，吃飯時專心吃飯，睡覺時不要帶着煩惱地躺上床，好好照顧自己。

II. 停一停！

運用鬆弛練習。可參考本書附錄〈情緒急救站〉第二部分。

III. 欣賞自己的努力！

看看自己努力的成果，同時要明白忙中有錯乃是人之常情，盡了力便可以，不對自己過分嚴苛和挑剔。

IV. 盡情傾訴吧！

沮喪來襲，有時我們會希望可以獨個兒靜一靜。雖然需要個人空間是正常的，但要小心自己慢慢喜歡獨處變成過分孤僻、減少社交活動，甚至不與其他人聯繫。因此，請勇於接受別人的關心和問候，這可以讓你感到被明白和被支持。你亦可主動向朋友、信任的同事訴説你的困難。剛開始的時候可能會覺得難於啟齒，其實只要輕輕一句「好大壓力呢！」「好辛苦呀！」，已經有助釋放一點積累已久的精神負擔。

V. 表達自己的難處！

如果你的上司是比較講理的人，可嘗試先感謝對方的信任，然後坦述工作量過大對自己以至公司帶來的影響，例如影響工作質素、效率。同時主動提議一些讓自己能夠妥善應付工作任務的方法（包括更有效地調配工作、安排優先次序等）。

1.6 為趕死線可以去到幾盡？

正當 John 完成了一個大 Project，想好好休息一下，老闆便端來一份死線訂於後天的工作。

John 頓時氣炸：「又係呢個客？」

但老闆非常看重這筆生意，不容有失。

對自己要求高的 John 也說服自己，這份工作能夠證明自己的能力。更何況，John 沒有別的選擇，只好在非常有限的時間內，盡力完成。

John 知道自己可以做得好好的。

日常工作裏，常常會有很多工作堆疊着需要完成，包括一

些「唔使急最緊要快」的工作。自己一方面很想追趕死線，另一方面又期望能夠保持質素完美達陣。當死線愈近，焦急的你知道需要更細心處理，以免忙中有錯，最後用上更多時間，如是者，我們愈來愈心急，愈來愈大壓力。是的，對你來說，如果能夠在這麼趕急的時間內完美地完成相應任務，是一個展現能力的好機會。每個人心裏也希望證明自己的能力，或是達到心裏的完美標準，對自己要求愈高的人，便愈容易把自己壓到喘不過氣來，甚至對自己更苛刻。這就是坊間所謂「完美主義者」經常遇到的狀況。

完美主義者會傾向希望在別人面前保持「完美」[5]，因而壓抑情緒，儘量表現最好的一面。他們傾向將自己的想法、需要及壓力埋藏於自己心底。當壓抑愈深，情緒得不到宣洩，情況便會變得更難處理。同時，有研究發現，完美主義者主觀估量自己所承受的壓力指數，其實比起身體所釋放的壓力荷爾蒙要高；這意味着他們對壓力更為敏感，並會因為覺得無法改變這種主觀壓力感而感到絕望、沮喪，感受到抑鬱、焦慮症狀。

雖然完美主義者會因為能達到自己期望中的水平，而致力提升自己的能力表現，獲得成功感，可是過於在意別人對自己的想法和評價，也更常令他們覺得「心很累」，不知道不斷付出的努力可以把自己帶到多遠？這麼努力究竟是為了甚麼？種種的感覺和想法都提醒我們，要及時留意和照顧自己的情緒狀態，學習因

5　這裏使用引號是因為當中的「完美」和「正常」都是當事人主觀認為的，並不代表客觀標準或為其他人所認同。

應現實條件、客觀因素，調節期望。

此外，規劃生活與工作亦非常重要。有時候，「完美主義」傾向的人會過分投入工作，以致工作與日常生活的界線逐漸消失。譬如即使在家也繼續想着工作的事，又或是因為希望趕上死線而犧牲自己吃飯和休息的時間，忽略自己的生理需要。

保持及重燃動力

如果你發現自己因為太過完美主義而出現過勞的狀態，請重新審視一下自己追求的究竟是甚麼？可能是要證明自己？可能是履行責任？可能想要努力獲得別人認同？可能想得到成功感？不同的追求，反映着我們真正需要的、重視的是甚麼。

I. 留意逃避訊號

有時候，完美主義者會因為「不想被評價為不完美」，或是為了逃避不安感，而遲遲不開始工作，最後時間不夠，只有得過且過地完成工作。如果已經出現上述情況，請重新提醒自己：「這些只是工作，並不代表你，集中精神解決問題，若解決不了也可以找人幫忙。」只針對事情，用解決問題的態度，可以幫助自己集中於真正要處理的事情上，而非不斷吹毛求疵、雞蛋裏挑骨頭。

II. 學會說「不」！

懂得說「不」是十分重要的。在適當的時候說「不」，可以幫助我們在工作與生活之間重設健康的界線。當然，說「不」時

需要有合理的原因支持，清楚地描述自己的工作情況、解釋自己的困難，即使最後對方未必欣然接受，但起碼可以讓別人知道自己並不是毫無想法及界線。我們也可以多聆聽別人的意見和想法，或許從傾談的過程中，我們可以得到幫助，甚至學習從新的意念與角度處理／思考眼前的工作。

III. 找回初心

完美主義者對事情和工作的要求甚高，要求高的背後，往往是一份執着，一股強大的追求和信念。當感到迷失時，請回想當初的自己是抱着甚麼想法、原因，令你選擇這份工作？如果想到這裏仍欠缺動力的話，不妨再想一想自己真正渴望、追求的是甚麼？在哪裏可以找回你的初心？又有甚麼讓你可以廢寢忘餐地去完成也不覺辛苦？

1.7 職場新人抗壓實戰計劃

今天第一天上班，John 懷着期待的心情來到新的工作地方。他滿腔熱情，對於眼前所有的新事物都充滿好奇，也嘗試跟着前輩好好地了解需要跟進的工作。

在只有 30 分鐘的簡介後，John 很快就被安排到一個座位開始工作……

第二天，John 已經要處理一些他從未學過的工作。當他鼓起勇氣向身邊的前輩同事提問時，同事們只有簡單回應，而且很快就以很忙為由，拒絕繼續指導講解。John 只好默默回到座位嘗試獨力完成……

每個人都有作為職場新人的時刻，你有遇過新人孤立無援的情境嗎？

職場生態千奇百怪，除了喜歡 Micromanagement[6] 的上司外，也有不少走向另一極端——就是完全沒有想過給予指導。當你作為一個新人走進公司，上級與同事就認定你可以自行將事情都學懂。給你一兩天時間，就期望你應該像其他同事一樣熟悉所有運作。

當然，同事們推說忙碌也無可厚非，如非必要他們也不想增加自己的負擔來指導你。此時你面對的是上司和同事期望過高，又沒有人可幫助自己，孤立無援。你嘗試自行找答案，但好像總是無法學懂，或是在不斷嘗試後仍未達到預期的表現。上司的責備、同事的微言，即使未必是破口大罵，暗示的訊息也足以令你苦不堪言，感到非常無助、沮喪。

這時候，你的情緒狀態可能會是：

- 迷失，好像走不出來，更甚者，你覺得自己長期停留在「新人」狀態，無法變得「更好」；

- 因為不懂、沒有經驗、不了解其他人的標準而感到沮喪；

- 害怕犯錯而破壞別人對自己的印象，覺得自己無用，幫不了手；

6　Micromanagement，中譯「微觀管理」，泛指上級通過對下屬的密切觀察、操控、檢視以至評核每一個步驟來完成工作。

- 急着想要做好或是進步；

- 腦海裏充滿對自己、同事、上司、工作的負面評價；

- 想放棄。

面對龐大的無望感和沮喪感，可以想像到這個情況只會是一個惡性循環。複雜的情緒，會令你的學習進度、專注及記憶能力變差。久而久之，你的思想會變得愈來愈負面，愈來愈單一，甚至產生「自己一定是個失敗者」等極端的想法。

負面思想、「發晦氣」等是人之常情，對着同一個境況可以有 100 種（或更多）的方法應對，同一個結果也可能有 100 種解釋。我們沒法改變工作環境和公司文化，但老套些說，當外在情況無法改變（或逃離），唯一可以改變就只有自己，正所謂山不轉，路轉；路不轉，人轉！

心態決定境界　提升心理韌性

事實上，現今社會愈來愈關注情緒對我們身心健康的影響。在職場上，情緒管理至關重要，它會影響我們的專注、記憶和學習能力、運用不同學習策略的彈性，還有解難、組織和判斷的能力。

人們常說「心態決定境界」，即使陷入絕望之境，我們也可以藉着轉換心境和應對方法來扭轉乾坤。先正視情緒及其所帶來的影響，尋找適當的途徑宣洩，好好發掘適合自己的應對方式；沮喪，也不至於無路可走！儘管只是上班幾天已經把你迫得半死，但你的堅持、不放棄，會讓你的未來仍然有希望。

作為職場新人，除了「擦鞋攻略」外，增值自己是不可或缺的。嘗試將注意力放在培養自己的能力，從接觸不同的工作中，學習各種知識和技巧，像專業用語、行政能力、溝通表達、待人接物、操作流程等，適當調整自己的態度、動力、情緒，以提升學習能力。

學習的過程少不免面對壓力。事實上，壓力並不是一面倒的壞。壓力會激發「下視丘－腦垂體－腎上腺系統」（Hypothalamic-Pituitary-Adrenal Axis，即 HPA 軸），幫助我們作出應變，適度壓力可以幫助我們學習，增加進步的動力。不過，長期過度受壓，會引致 HPA 軸「過度活躍」，繼而令神經系統修復功能和學習能力受損。研究發現，心理韌性（Mental Toughness）是其中一種可以培養的正面特質，它幫助我們調節壓力，有效地應對挑戰。因此，心理韌性就來得特別重要。

心理韌性是指一個人面對壓力和挑戰時，有彈性地作出應對的能力。要提升心理韌性，大家可以考慮以下的方法：

I. 針對性地應對發生問題 / 壓力來源（Problem-Focused Coping）

- 仔細拆解感到困難的部分，看看哪些地方是問題的核心，並逐一列出可以嘗試的解決方法；

- 一下子有太多事情要學習或處理時，按重要性編排一下先後次序；

- 仔細列出解決方法 / 工作的步驟，思考當中的聯繫。

II. 把想像轉化為動力（Motivational Imagery）

- 想像自己成功時的模樣，例如能夠順利完成工作，甚至是上司、同事讚賞你的畫面；

- 幻想中的場景當然未必能實現，但當你看到撐過難關後的自己時，會讓你重新找回當初的動力。

III. 幽默（Self-Enhancing Humor）

- 找出每個困境可笑的地方（例如職場相關的 meme 圖）；

- 適當的幽默感可以減低難關所帶來的壓力及焦慮感覺。

除了以上所列的，還有很多其他方法都可以幫助我們更有效地與情緒共處、應對困難和壓力。無論你選用的方法是甚麼，只要適合自己便可以了。

【第 2 章】

gu1　　　daan1

孤單
gu1 daan1

【釋義】單獨無依。

【近義詞】

孤獨：孤單寂寞。

伶仃：孤獨無依的樣子。

孤立：孤獨無助。

寂寞：孤單冷清。

參考資料：《國語辭典簡編本》第三版

2.1

新同事的內心小劇場

「大家好呀,我係新嚟嘅同事 Macy,請各位多多指教。」

第一天上班總是萬分緊張。一方面期待新環境帶來的挑戰,另一方面又擔心自己適應不來。除了工作職責和晉升機會,人事關係也十分重要。在工作環境中遇到好同事,上班會更有動力,做起事上來也會事半功倍。因此,我也很希望能夠在這裏認識到好同事、好上司。

經過一大輪自我介紹和迎新活動後,我終於可以坐在自己的座位上了。

經理說:「你先自己睇吓呢堆文件,熟習公司運作,之後就會正式安排項目畀你跟進。」

　於是這個星期的我每天就是閱讀舊項目的資料，間中複習一下以前的筆記。看着似懂非懂的文件內容，我對於之後要負責處理該些項目，漸漸感到有壓力。有時候我會想向身邊的同事請教，但看到他們總是有事在忙，埋首工作，我這個「閒人」也不好意思打擾大家，寧願默默地坐在原位算了。

　況且，同事們也不會主動過來問我的狀況如何。我想，可能是我要做的事情對他們來說十分簡單，他們會期望我自己一個人也可以搞定吧。假如我向他們發問的話，他們可能會覺得我有點笨，我不想剛入職就給大家這個第一印象。

　有時我會鼓起勇氣，向同事提出問題。可是，我不是每一次

都完全聽得懂對方說的話，但就算聽不懂，我也因為怕尷尬、不好意思再麻煩別人，而不敢要求對方重新解釋一次。

陷入擔心的無底深淵

「唔知佢哋會點諗我呢？」

職場新人面對新環境和新面孔，感到焦慮是相當正常的。不知道同事會如何評價自己，因此只能努力不讓旁人對自己產生負面印象。每項工作都小心翼翼地完成，時時刻刻都生怕會犯大錯似的。正所謂「小心駛得萬年船」，有時這些焦慮可以保護職場新丁，確保我們做事前周詳考慮清楚。比如我們傳送電郵給上司前重複檢查多次，英文通順嗎？上下款齊全嗎？附件有放對嗎？

至於工作上不明白的地方，亦很自然產生別的憂慮，諸如「我提出呢個問題，對大家嚟講會唔會太過簡單？」「我問呢啲咁簡單嘅問題，唔知同事會唔會覺得我浪費緊佢時間？佢好似好忙咁……」「點解我連咁小嘅事都唔識？」「但係如果我唔問嘅話，我真係唔知點做好……」這類想法有時會一個接住一個，令擔心的事情愈來愈多，甚至愈來愈嚴重。這些想法一直在腦海中徘徊直至下班時間，到最後發現心中的疑難都未有妥善解決，偶爾更會把工作上的不安帶回家。當這份焦慮一直持續下去，我們該如何是好？

當腦海中總是充斥著這些擔心，或多或少都會影響工作表現，增加心理負擔。要從這個狀態抽身出來，不如嘗試從思想入手，了解自己心底的想法之餘，亦從而帶動行為上的改變。

I. 捕捉重點思想（Catching Thoughts）

首先，我們需要整理好自己的思緒，嘗試將重點困擾自己的思想，用一句話指出來：「如果我向同事提出問題，或者重複問同一個問題，他們會覺得我是愚蠢的，並對我產生不好的印象。」

II. 尋找證據（Looking for the Evidence）

第二步，集中精神尋找重點思想的各方面證據。不論是支持或是否定此想法的證據，都要一一列出。

支持	否定
• 我剛剛問同事 A 茶水間在哪裏，他不耐煩地回答：「啊，就是在前邊啊！」我的提問好像令他心情不好。	• 我在舊公司問同事問題都不會被責罵，他們都不會對我有壞印象，我們多年來關係友好。 • 在這家公司看到有同事向經理或其他同事提問，彼此都會儘量抽時間耐心地回答問題，氣氛融洽。

III. 建立一個具實證支持且平衡的想法（Finding an Evidence Based/Alternative Thought）

「或許公司會有某幾位同事對我不太友善，但大部分人都十分樂意回答問題，且不會對發問的人產生不好的印象。」相較起一開始的思想，目前的想法似乎更加符合現實。帶着這個想法去接近其他同事和提問，需要跨過的心理關口好像不如以往般大。

最後，除了捕捉自己的想法以外，發問都要看時機和注意發問技巧喔！

2.2
無言的歸家路

接近下班時間，同事們早已蓄勢待發，準備好六點便立刻收工，一分鐘也不打算浪費。大部分同事都能準時離開，而我也是其中一位幸運兒。本來以為準時下班是一種「美德」，但原來也會帶來煩惱，令我幾乎每天都要踏上無言的歸家路⋯⋯

當大家在同一時間離開，沿路碰到同事的機率自然會大大提升。跟不太熟絡的同事一起下班最尷尬，彼此無話可說，卻又無可奈何地並肩而行。我漸漸留意到，每天下班總會遇到一位認識卻不相熟的同事 Sam。我們乘坐同一輛巴士，在差不多的車站下車。

我發現這情況時的第一個反應是：

糟糕了，他好像住在我附近！

　　之後我曾試過下班時裝作低頭玩電話、戴耳機聽音樂、走慢或走快一點，偶爾靠這些方法也能夠成功避開 Sam，在回家路上得到一點平靜。不過，大部分時間一同下班的話，總是無可避免地在路上相遇。譬如走路抬頭時不小心與 Sam 對上了視線，甚至從一開始坐電梯離開時就已經在旁……在這些情況下，根本沒有辦法以「看不到、留意不到你」為由，獨自走開。沿路上，大家客客氣氣地說話，尷尬程度還好，可是……

最怕空氣突然安靜……

　　每天下班都對此感到有些壓力，卻又不知如何是好。

下班前的小憂心

「不知今天會否又碰到他呢？希望不要吧……」臨近下班的時間，我總會擔心會否又再遇到對方。

「絞盡腦汁我也想不到沿途可以說甚麼話題。」「救命啊，回家的路怎麼突然變得這麼漫長。」真的遇上對方後，心裏又不斷圍繞着尷尬和無奈的心情。

尷尬，源於兩人即使彼此不熟悉，卻因為回家的路相同，而導致雙方需要「強行互動」，在毫不自然的氣氛下一起回家。

無奈，是因為每天下班幾乎都會相遇。為了保持「禮貌」和維繫友好的關係，不能直接拒絕對方甚至走開。彷彿就只能任由這個尷尬境況一直發生，無法解決。

雖然不是一件大事，但每天都禁不住擔心會否再遇上對方，隱隱地影響着我下班前的心情。

走出尷尬困局

這並非一個無法解決的窘境。與其每天下班前擔心會再遇到 Sam，不知說甚麼話題，不如嘗試構思方法應對，帶領自己走出這個尷尬困局吧。

首先，訂立一個合理和清楚的目標。對你來說，問題如何才算是解決到呢？在這個情況下，一個合理且可行的目標可以是：「減少回家路上要與 Sam 相處的時間」，而非「完全不與 Sam 一同回家」。

第二，構思解決方法。不論多麼天馬行空，先將所有能夠達到目標的方法一一寫下，在這個階段切忌批評和否定。

- 乘搭的士直接回家
- 遲五至十分鐘才下班
- 提早下班
- 直接表明不想一起走
- 轉乘另一種交通工具
- 説謊或用藉口離開現場

　　第三，分析上列每一個方法的利弊，然後再由低至高評出 1 至 10 的分數。目的是從中選出一個最有效（最高分）的方法。以其中三個方法為例：

方法	利	弊	評分
乘搭的士直接回家	√避免一起乘搭巴士 √不必正面相遇	×車資十分昂貴 ×沒有必要	1
遲五至十分鐘才下班	√避免一起下班 √不必正面相遇	×浪費時間在公司等待	8
直接表明不想一起走	√以後不會一起回家，毋須再擔心	×直接表達有機會影響同事關係，令 Sam 對自己產生壞印象	4

　　值得留意的是，每個人對於同一種方法（利弊相同），所給予的評分都很大機會不一樣，所以上表的評分僅為參考用途。例

如，下班乘搭的士離開，對於一位高收入人士來說，所帶來的負面影響未必太大，其評分可能會高過 1 分。由於評分包含主觀元素，故由此選出來的方法往往是最適合自己的。

第四，選出最高分的方法後，先規劃步驟，並開始實行。為了減少遇到 Sam 的機會，我們從以上的方法中選出最高分的「遲下班」，並開始實行。

第五，檢討成果。實行過後，你必須向自己提出一個最重要的問題：「到底所選擇的方法能否有效針對目標解決問題？」如果答案是解決到，能夠成功減少遇到 Sam 的機會，那就恭喜你了。如果答案是未能解決，那就請回到第三步，選出評分第二高的方法再嘗試，直到問題能夠圓滿解決為止。

2.3 午飯的兩難局面

　　辛勞工作了半天，其中最期待的莫過於一整天的中場休息時間——吃午飯。

　　很感恩遇到很友善且份外照顧我的同事。從第一天開始，他們幾乎每天午飯時間都主動邀請我一同出外用餐。剛加入新公司，我期望和大家建立友好的關係，而午飯時間就能營造一個讓大家輕鬆聊天的空間。同事這麼接納我是相當難得的，因此我亦十分珍惜這些用餐的時刻。

　　隨着時間愈久，我們也因此而加深了對彼此的認識，變得愈來愈熟絡。起初拘謹的我，現在也可以漸漸地與同事們說笑談話。

由於大家的關係是建基於工作，一同用餐始終避免不了談公事，甚至是工作上的是是非非。有時候，我也想在午飯時間好好地休息一小時，遠離工作和交際，單純地享受獨處的私人時間。

然而，這個想法對我來說難以實行。一方面覺得推卻別人的好意，心裏總覺得過意不去。始終對方每次盛意拳拳邀請我，實在難以拒絕。另一方面，我也擔心對方會因此而感到不愉快，甚至誤會我不喜歡與他們相處，最終影響之前努力建立的關係。

認真思索過後，我發現多一事，不如少一事。只要我不拒絕，不表達這些內心的想法，就不會有以上的擔心。況且，出席午餐聚會期間，我也不會因為無法休息而十分不舒服，只是精神會稍微疲倦一些。所以即使我心裏偶爾會有不情願，也不覺得有必要去表達。

拒絕的煩惱

拒絕別人背後的焦慮和壓力是實在的。

尤其是對方懷着滿心好意邀請你，你更加會覺得不好意思拒絕別人，因為好像拒絕了別人的善意。對平時就容易擔心的人來說，拒絕人之前總會考慮多多，思前想後。

因為珍惜跟同事的關係，過分照顧對方的感受，不知不覺地將自己的需要愈放愈低。

「就只是偶爾一點不情願而已，這沒所謂吧……」也許只是很小事，感受也不會太強烈。口裏說着沒所謂，背後其實帶着逃避、不想面對事情的矛盾情緒。

可能你會覺得，如果同事們對自己產生負面印象，自己將會無法承受。因此不斷地告訴自己，這其實很小事吧、沒有必要就不用說吧、儘管收在心底吧……

但是，表達自己的需要，是不是真的那麼渺小？

即使真的是很小事，就沒有必要去表達自己嗎？

你我他的需要同樣重要

別人的感受重要之餘，自己的感受也相當重要，亦需要靠自己去好好表達這份重視和照料。

留意到自己對於拒絕別人有逃避、擔心和憂慮時，可以嘗試觀察自身背後的需要。以下的技巧，或許可以幫助遇到同類情況的讀者們：

I. 創出新平衡

在擔心拒絕別人所帶來的後果時，往往會將負面後果放大，甚至看輕自己對於負面後果的承受力。面對這些情況，可以試試問自己以下的問題：

最壞的情況是甚麼？

假設你拒絕同事之後，對方便生氣了，不再邀請你一同用膳。你永遠失去了一起吃午餐的機會，也導致同事之間關係破裂。

最壞的情況有多大機會出現？

其實這位同事為人大方，他未必會如此介意我無法出席一兩次午餐聚會，事件未必會嚴重到影響彼此的關係。

假如最壞的情況出現，我是否沒有辦法應付？

雖然一直以來習慣和同事吃午飯，但自己一個人吃也不是一件很糟糕的事情。更何況，假如同事真的生氣或誤會了，我也可以解釋，甚至主動邀請他們一起吃飯。

反之亦然，將問題中的「最壞」變為「最好」，然後重新問自己一遍。讓腦袋不只停留在思考最壞的可能性，而是循不同的角度思考和觀看同一件事。

II. 不要經常拒絕人

如果你仍然想別人繼續邀請你吃午飯，間中都要抽空出席。嘗試代入別人的角度想想，如果你邀請人十次，他九次都不出席，你之後還想不想「浪費唇舌」呢？

對方未必會因被拒絕而不喜歡你，或者對你有任何負面感覺。只不過預計到邀請你也會被拒絕，那倒不如不問吧。

因此，為了不要令「一同用餐」這個你希望維持的行為消失（Extinction），記得多欣賞對方的好意，偶爾出席午餐聚會，以增強（Reinforce）此行為。甚至在你無法出席時，都告訴對方：「很高興你邀請我，可惜今天我無法出席，下次我也希望可以與你們吃飯。」讓同事感受到你欣賞他的邀請和好意，也為大家的關係發展留下可能性。

2.4
無人能訴

　　職場裏面充滿着各種不同的面孔；而表面看到的，可能未必是真實的一面。

　　我與大部分同事都不太熟絡，在公司碰到也只會閒聊幾句。比較相熟的只有經常合作的同組隊員，我們平常都會一起出外午膳，基本相處算是挺舒服的。

　　可是，最近我向上司請教時，他在過程中的語氣和說話都令我感到相當難受，「大學唔係應該有教嘅咩？你係咪無讀過書？我啲時間唔係畀你呢啲唔上進嘅人去浪費㗎⋯⋯」

　　對方是上司，我不想挑起事端，所以當刻選擇了忍耐。

事情發生過後，我內心仍然感到十分不舒服，但我不知可以找誰傾訴。

本來想跟組內同事說，畢竟彼此都在同一個環境工作，相信他們更能夠理解我的苦況，甚至有同感或類似經歷。但畢竟我是新人，大家都只是初相識，即使相處上有多麼舒服，我也無法完全信任他們。而且跟別人分享自己的事，就總會有被傳出去的風險。

最近也有細心的同事留意到我心情低落，問是否發生了甚麼事。我內心曾經動搖想坦白，但話到嘴邊卻未能說出口，以一句：「沒事，謝謝關心。」隨便打發了對方。

我只是想發洩情緒，並不希望讓人覺得我在說上司的壞話，以免同事們對我這位新人的印象分大減，乃至有其他更嚴重的後果。為了「安全起見」，我決定將這些感受都收到心底。

其實，每當想到之後還要繼續與這位上司緊密合作，心裏的不安和壓力只會有增無減。更無奈的是，在工作上，我無法找任何人去分擔和傾訴自己的感受。

心事重重

希望自己的經歷得到旁人理解，但有口難言，最終選擇不抒發自己的情緒，實在難熬。

可是，我們也清楚知道那些擔心都是十分合理和實在的。

若以上種種的擔心成真，將會引來更多的煩惱。例如被上司

針對、同事不敢與你相處、需要經常處理更困難的工作等等。因此不把事情說出口，是保護自己免受傷害的一種方法。若分享的對象無法給予你一種「安全感」，令你覺得可信任，勉強分享只會令自己感到不舒服，加劇不安和焦慮。

信任和安全感需要花時間、雙方共同努力去建立，這一點對於我們選擇分享心事的對象十分重要。在一般生活如是，職場上亦如是。生活方面，我們也許會有幾個信任的人，可以是你的伴侶、家人和朋友。而工作上，我們就未必有機會遇到這樣可信的人，尤其是剛入職的新人，還未有充裕的空間去認識同事。

在這個處境下，要將感受分享給自己不夠信任的同事會令我們感到不放心，但默默將感受收在心裏也會不舒服。那麼我們應該如何自處呢？

我並不孤單

　　當出現憂慮等各種情緒時，希望有人可以和自己分擔，幫助整理自己的思緒是十分正常的。不過，並不是每個時間和地方都有人能在你身邊，成為你的樹洞，一一細聽你的心事。有見及此，以下將會探討如何有效地調節自己的情緒，即使在職場上孤身一人，我們依然能保持着自己的身心健康。

I. 切勿逃避情緒

　　沒有人成為你的樹洞，不代表你的情緒就不能被容納、被聽見。逃避情緒短期能令我們暫時忘卻煩憂，但長期將會帶來更大的困擾。在擔心和其他情緒浮現的時候，嘗試安撫並告訴自己：「這些都是正常的感覺，這些感覺不是永久的。它們是讓我了解自己身心需要的訊息，我可以與它們接觸和相處。」

II. 覓出新方向

　　除了找同事分享，抒發情緒也可以有不同的方法，而且每個人都不同。在工作中遇到這些事件時，你會想到甚麼抒發情緒的方法呢？不妨寫在下面的思考雲之中吧。請留意，方法沒有對與錯，只要適合自己，能抒發感受就好。

2.5

格格不入就是罪？

　　剛入職不久的 Tom，在工作方面已經追上進度，卻正在煩惱與同事相處的問題……

　　他在日記中寫道：

　　「他們都是女同事，平時閒聊也是討論美食、化妝、購物等，身為男士的我實在無法融入。雖然明白不一定要一起做些甚麼或談論甚麼，但職場上有人可以傾談也不失為一件好事。而且有些時候，我也想念在之前的公司有同事一起閒聊，工作時可以開開玩笑的感覺。我曾經嘗試努力參與女同事的閒聊、搭搭話，但感覺總是有點不自然。說到底，我也只是想融入同事們，好像

這樣才顯得正常一點。

其實我和女同事們的工作模式也太不一致，工作上需要很多時間才可以整理出結論。我喜歡先快速地將一個構想實體化冉處理細節，而他們卻偏好逐個重點細節詳細討論。因為這樣，我很多時候只有迎合別人的意見，儘量不作聲，默默地完成自己的部分。

我應該怎辦呢？是不是我的問題？」

孤單，不僅源於只有自己一個人的時候，有時看着其他人相處融洽，自己卻感到格格不入，才是最難堪的。孤獨，是覺得他們都不理解你，如果你需要幫忙，他們也幫不了。

有研究發現，孤單、孤獨的感覺影響腦袋主導社交動機的區域，當孤獨的感覺出現時，腦袋對於外界的社交提示（Social Cues）也較為敏感，並傾向以負面方向解讀。這種孤獨的情緒會影響我們對自己的觀感，以及自己與他人的聯繫感。另外，孤獨情緒更有機會誘發，或連繫其他情緒，如厭惡、憤怒、害怕等。

如何減少孤獨感？

人類是群居動物，與其他人連結，藉由關係產生親密感及歸屬感，繼而令個體感到滿足，得到存在感，是人類與生俱來的傾向。職場如戰場，一班可靠的同伴，對於我們能否在職場上「生存」，具有相當重要的意義。雖然與工作夥伴是否合拍，某程度上也要看緣分，但以下行動或許可以幫助我們減低孤獨感，尋找一個合適自己的職場關係平衡。

I. 與自己連結

覺察自己對於（所有）關係的需要。誠實地了解自己，認識自己更多，就可以找到不同方法滿足自己的需要。有時候，滿足感不一定來自關係，而是來自自己喜歡的活動、探索新鮮事物的經驗，或是跟自己溝通相處的空間，又或者，我們會發現自己其實沒有想像中那麼害怕與自己共處，也沒有想像中那麼不習慣未能完全融入自己所在群體。

II. 清楚自己對建立關係的界線

認清甚麼樣的友誼或關係讓自己感覺最舒服，感覺舒服的關係不一定要非常親密，可以簡單到是「一起吃午飯」或「可以聊私人生活」的關係等。先了解自己與人互動的特點以及希望在關係中尋求甚麼，才能幫助自己踏出建立關係的第一步。

III. 主動關心他人

有時候我們太過留意自己內在的不舒服感覺，如果自己感覺孤獨，可能會不經意地散發出一種距離感，令人無法親近。沒有人不喜歡被關心、被留意的感覺，嘗試主動以好奇心而非「希望融入」的前設來跟他人溝通，說不定會發現驚喜呢！

2.6
工作間「是非」天地

    同事們的蜚短流長，每天都在 Tom 耳邊響起，工作間細小得可憐，即使 Tom 儘量走開，也避無可避，只好每天裝作若無其事，默默專注工作，有時候虛應幾句了事。他希望自己能裝作與大家同一陣線，以免自己不幸被捲入是非的漩渦，成為下一個被講是非的對象。

    人類自古以來就過着群居生活，原始人聚居成群，可以更容易避開環境中的危險，如自然災害、野獸襲擊等，生存下來。人與人之間，因為生存需要，與生俱來就渴望融入群體，進而演化出「埋堆」的心理需要，想要因應自己的特質和性格，尋找適合自己的群體，讓自己感覺上歸屬於一個／一些群體中。

「講是非」有幾個功能，有人認為它是資訊交流的一部分（未必是以貶低他人為目的），有人希望藉此提升自己在所屬群體中的「地位」和價值，把是非作為交換籌碼，以獲取其他消息和別人的信任，有人純粹想融入群體；當然，也有人會為了個人利益而散播謠言，將批評別人作為攻擊他人的方法，或是抒發情緒等。不論每個人說是非的原因是甚麼，是非在不同群體或場所從來都是無可避免的部分，「有人的地方就有是非」，人們閒來無事就喜歡聊其他人——評論別人的工作表現、性格、私人生活等。

學會與是非共存

有一些人跟 Tom 一樣，聽着流言是非，一方面覺得被講的同事有點可憐，畢竟很多消息只是道聽途說，不知孰真孰假，所以不想成為散播是非的一群；一方面又要小心翼翼，表面裝作跟大家想法一致，避免成為下一個被講是非的對象。每天一個人在職場是非中掙扎，心真的好累！孤獨感也隨之而來。

不同的研究都告訴我們，社交很重要。每個人都打從心底渴望與人保持連繫。若被排斥、被隔離，內心承受的痛楚就有如身體感受到的痛一樣。孤獨、孤單的感覺，的確可以影響身心健康。

感到孤獨，又不想加入討論是非的行列，我們又該如何自處呢？以下有一些方法可給大家作參考：

- **仗義執言**：主動制止是非繼續流傳，譬如反過來嘗試說好話（不完全沉默不語）；

- **保持中立：**以客觀事實回應他人，停止加鹽加醋；

- **讚賞文化：**集中談論所有人做得好的地方／長處、優
  點，嘗試引導他們重新聚焦在工作上；

- **不要孤立自己：**即使在工作間未必能夠結識到親密的朋
  友，嘗試在其他場合和環境裏認識朋友，或跟自己舊日
  的好朋友重新聯繫。

當然，這些方法未必一定適用於所有情況、所有人⋯⋯總
之，大家可以隨意調整和修訂，只要找到自己的立場和定位，以
及對得起自己的良心，相信就沒問題吧。

筆者特別喜歡《聖經》中一段經文所形容，做人，特別是在
職場裏面，要「靈巧像蛇，馴良像鴿子。」（馬太福音 10:16）。
我們處於複雜的世代，需要靈活應變，機靈、小心地處事，但是
也不能失去溫柔善良的心，以同理心待人。

2.7
隱形人的悲哀

　　說到孤獨，加州大學多年前發表了一份名為「孤獨量表」（UCLA Loneliness Scale，簡稱 ULS）的問卷，測試受訪者的孤獨指數。以下是該量表的中文簡化版，大家可以嘗試算算自己的孤獨指數。

———— **ULS-6** ————

　　就以下六種想法的出現頻率，給予最貼切的分數，再計算總得分。評分標準：從不（1分）、很少（2分）、有時（3分）、一直（4分）。

□ 我感到被冷落。

☐ 我感到和其他人疏遠了。

☐ 沒有人可以尋求幫助。

☐ 雖然身邊有人陪，但沒人關心我。

☐ 缺少別人的陪伴。

☐ 我因為很少與別人來往而感到傷心。

評估結果：總分數愈高，代表孤獨程度愈高。

不知道你的分數是如何？工作佔了我們生命的很大部分，如果工作環境裏出現的孤單、孤獨感，絕對值得我們留意。以下是一則小故事，希望大家不會有共鳴：

「Tom 在公司裏一向也被當成透明人，每逢有甚麼活動、甚至是公司裏一大群人一起討論工作相關的內容，也沒有人叫他參與，不知道是不是因為大家都認為他不合群？抑或是因為大家都忘記了他在公司的存在？

儘管 Tom 不愛說話，也不想故意地表現得很合群，但他從來沒想過自己會因為低調處事而成了隱形人！不只是同事，有時候連上司也好像忘記了他，甚麼工作安排也是最遲被通知的。連每月發薪水的日子，Tom 也特別擔心，害怕公司會連發錢給他都忘了。

對於自己一直努力工作卻沒人看見，Tom 感到憂慮，不知道自己會否在某一天被解僱。不過，即使是這樣，可能也無人發現吧……他覺得自己好像被全世界遺忘了，孤零零的。」

雖然 Tom 的故事可能有一點誇大，但因為個人性格而被孤

立的例子，其實並不罕見，況且在職場上能夠交到真朋友的機會又少之又少。如果個性比較安靜一點，或許真的會沒人關心然後被遺忘。而這個世界有許多工作都好像是專為較外向的人而設的，光想一想就發現，會說話、會主動表現自己、善於交際等，都讓外向的人較容易在多種工作領域中突圍而出，又或者至少被看見。

反之，內向者常常被冠以被動、「宅」、不愛說話、不善交際等標籤。

「不喜歡埋堆，不會主動參與社交活動。」

「在會議、報告等工作場合甚少發聲。」

「很自然地有孤獨的感覺，工作做得好都無人知曉。」

這些是身為內向者的你的職場寫照嗎？有些人可能也不知道自己較為傾向哪一邊。筆者嘗試在這裏做一個簡單、籠統的區分：

內向傾向	外向傾向
● 以安靜獨處的時間來重新獲得能量（充電）。	● 外來刺激讓自己感覺良好，特別是社交場合。

其實，外向、內向並沒有好壞之分，只是大家的獨特之處不一樣，情感／社交需要不同，照顧自己、充電的方法有別而已。

內向，又如何？

有別於大多數外向者的能言善辯、喜歡社交，身為內向者的你，獨特之處是甚麼？懂觀言察色？心思細膩？擅長內省反思、深入思考？處事踏實？善於聆聽？

上述種種優點都是現今職場愈來愈重視的特質。至於如何把這些特質加以運用，尋找機會發揮自己的優勢，以真誠謙卑的心去將自己所知道、能夠做得好的工作表現出來，這些都是內向傾向者可以思考的地方。

I. 避免以「外／內向」侷限自己

「因為我是內向的人，所以我做不到⋯⋯」這會否是你的自白？

請記住，外向／內向是一種傾向，是多或少而不是有或沒有的分別，每個人都或多或少同時擁有外向和內向的特質，個別差異只是在於哪個部分比較明顯，哪個部分在哪些情況較為突出。可試試發掘自己在不同地方、不同情況、面對不同人的時候外向或是內向多一點，同時欣賞自己每部分的優勢，再加以運用。

II. 較內向的人需要自己的獨處時間

緊記這一點，每個人的情感需要本來就不同，正如鱷魚不會需要爬樹一樣，所以不必勉強自己外向多一點，在一群人面前遊刃有餘地表現自己或是時時刻刻享受與人交際。你可以在有需要時，選擇留給自己多點私人空間，也可以選擇在合適時主動參與活動。

III. 職場重視的是工作表現

　　工作上固然需要主動出擊，但是比起故意跑出來表現自己，更重要的是在每一個任務上做好；對於一些別人不願意做的事，你可以嘗試提出由自己來處理，儘量發揮自身特點，如細心、善於觀察、懂得聆聽等等。留意到別人沒有説出口的需要，可能會令別人更加留意你。説到底，保持自己工作時單純的動機——「做好件事」，或許會有意外收穫。

【第 3 章】

憤 怒

fan5　　　　nou6

fan5　nou6

【釋義】生氣、發怒。

【近義詞】

憤慨：憤怒而慨嘆。

憤懣：忿恨不平。

發火：動怒、發脾氣。

憤激：憤怒激動。

參考資料：《國語辭典簡編本》第三版

3.1
Work-Life 怎 Balance

　　身為老闆的秘書，除了要妥善管理他工作上的事務、時間表之餘，很多時候更需要照顧他的私人事務。

　　就如早前母親節快到，老闆一聲令下：「Amy，幫我送紮花畀佢，嗰晚 book 張檯食飯。」我便需要以他的名義選花、訂花、送花、寫卡、訂高級餐廳給他的母親，讓他盡顯那所謂的「孝心」。

　　我猶如沒有下班時間似的。因為即使我正在外

實際上最孝順他母親的人是我……

地旅行、在家中與親人吃晚飯、正處理自己的私人事務時，老闆都不會放過我，總會有事要我立刻跟進。

「聽日個飯局我臨時去唔到，你幫我取消咗佢。」

「我急住要架車去開會，十五分鐘之後喺我樓下等。」

接近一半的日常工作，都是我真正工作範圍以外的事情。每次在下班時間收到老闆的電話，我總會翻個白眼，深呼吸幾下才能冷靜下來接聽。

其實他有意識到自己太過分嗎？

我不是二十四小時隨時候命的。我只是個需要朝九晚五工作的小秘書而已。

日做夜做 壓力爆煲

以往新投入職場的年輕人（Coffey, 1994）或正在爭取晉升機會的人會更加拼搏（Rosenbaum, 1979），更有動力去超時工作。

不過，近年來，年輕一代更加注重工作和生活的平衡（Work-Life Balance; Lewis et al, 2002）。Clark（2000）定義工作與生活的平衡為：工作與生活兩方面能同時得到滿足和正常運作，且兩者之間只存在最低限度的角色衝突（Role Conflict）。另有研究指出，工時長度跟工作與生活之間的角色衝突有直接關係（Frone et al, 1997; Parasuraman et al, 1996）。

長時間的工作會以不同方式侵蝕一個人的私人生活，形成角色衝突，例如：

- 少了休息的時間；

- 少了與家人朋友相處的時間；

- 經常需要臨時處理工作或突然想起關於工作的事情。

明明下班後的時間應該是屬於自己，可以做自己選擇和喜歡做的事，不會和工作掛鈎。為何這些時間會變得愈來愈少，甚至沒有了？面對着這樣的工作和生活的失衡，我們會感到憤怒和心累是正常的。

不過，你又有沒有想過，有人會喜歡超時工作，願意犧牲自己的私人時間來處理工作呢？或許大家身邊總認識幾個工作狂，終日都在工作，心思和時間全都放在事業上。工作狂與一般人態度上的分別，可歸因於個別性格的差異。

工作狂（Workaholics）的定義是會極端地投入在工作之中（Machlowitz, 1980）。研究指出，成就導向（Achievement Oriented）、完美主義（Perfectionist）、強迫依賴（Compulsive Dependent）這三種性格，與工作狂有密切的關係。請留意，工作狂與工作過度的人（Overworkers）不同，前者會自願犧牲私人時間，選擇加班工作；後者雖然同樣需要加班工作，但大部分情況並非出於自願，也不覺得加班工作對自己來說有意義或得着。

重整生活的平衡

科技日新月異，很多人都不只一機在手，無論想或不想，我們都在隨時隨地接收各方面的資訊，包括與工作相關的訊息和電郵。再加上之前新冠疫情爆發期間，不少公司轉型，引入遙距工作模式（Remote Working），讓員工足不出戶都能夠處理公務、開會、接見客戶，令工作和私人生活之間的界限進一步模糊。

科技的即時和便利性，也讓上司和同事們能夠更容易、更快捷地在辦公時間以外找到你。由此而來的，就是員工好像隨時在候命工作，影響員工的休息和私人生活（Barley, Meyerson & Grodal, 2011）。

面對如此的境況，我們該如何重整生活上的平衡？

I. 公私分明

不只是心態上公私分明，更加需要付諸實行，儘可能將工作

和私人生活的戶口、電子產品等分開，例如電郵地址、手機、電腦等等。

II. 為自己發聲

你絕對應該在下班後讓自己休息，上司也應該要知道你的需要。清楚表達自己的需要，表明自己在辦公時間以外工作的難處和限制。若你硬着頭皮接受「被加班」的安排，做得愈多，內心就愈不舒服，最終只會苦了自己。

III. 固定的放鬆時間

發現工作和生活的界線難得劃分？上司的要求很難推卻？那唯有更加善待自己，好好規劃自己的休息時間。為自己劃出一個時間，進行一些放鬆身心的活動，讓自己好好充電。

3.2

我的事又與你們何干？

　　我是個希望將工作和私人生活分開的人。同事僅為同事關係，彼此維持工作上的友好關係就足夠，不必過於深交，討論太多自己的私事。

　　有人曾經問我：「你不介意跟同事不相熟，不覺得孤單嗎？」

　　我完全不介意，甚至享受「獨善其身」的感覺。一直以來，我除了工作以外，也不會跟同事們有太多不必要的交流。我亦以為大家已經達成了共識，清楚知道我是個公私分明的人。

　　沒錯，我以為。

　　可能我的這個特質，令同事對我產生了莫大的好奇心。愈

不能接觸的事物，就愈令人覺得神秘和好奇。有次討論公事的過程中，我不小心向幾位同事透露了自己住在哪一區。當時不以為意，覺得只是一句而已，大家應該不會記得。

過了幾天，我開始在公司聽到一些關於我的說話。

「嘩，原來佢咁有錢，喺 XXX 區住！」也有一些扭曲事實的說法，「難怪佢唔同我哋來往，我哋呢啲窮等人家邊襯得起佢身份呀，哈哈。」

這些說話令我很煩惱，亦很憤怒。雖然我不認為要和同事們深交，但不代表我不想在職場上建立良好關係。那幾位同事將我的事情到處說，更扭曲事實，嚴重影響大家對我的觀感。

說夠了吧

對於口沒遮攔的同事，心裏面有千萬種不滿和不理解。

到底要求別人尊重自己的私隱，是不是真的有那麼困難？

四處亂說我的事，會令你們覺得開心嗎？

為甚麼沒有得到我的同意，就任意張揚我的私事？

我本以為自己已經清楚建立底線，一直以來跟大家相安無事。然而，如今竟然被這幾位同事破壞了這個「工作間的寧靜」，真是氣死！

每個人心裏面都有一條底線，讓我們知道身處在哪些空間會感到舒服自在，哪些空間會令自己感到不舒服。有些人不喜歡被取笑，有些人卻覺得沒有甚麼所謂。有些人對不同的人有不同的

底線，有所謂的「差別待遇」。每個人都可以有不同的底線，沒有一個固定的標準，亦無分對錯，能互相尊重就好。

當有人越過了自己心目中的底線，感到憤怒是正常不過的。這種情緒不單讓我們覺得困擾，更重要的是，情緒背後其實是在提醒我們，有些事情令我們覺得不公平、不舒服，需要作出回應。憤怒能夠給予我們能量，捍衛自己的底線。

我有我底線

堅定的態度（Assertiveness）是一種促進有效溝通的性格特質。擁有這種特質的人即使在感到憤怒時，也能保持堅定自在的態度表達個人想法，同時亦帶着開放的心態，尊重和接納其他人

的意見，明白自己和對方同樣有表達的權利（Alberti & Emmons, 1970）。

如果態度不夠堅定，我們就會表現得被動和缺乏自信。即使自己的底線被越過，心裏面覺得不舒服，也不會為自己發聲。最後就只剩下自己默默在生悶氣，旁人對你的不舒服懵然不知，繼續入侵你那個不能進入的區域，最後受傷害的，就只有不受尊重的自己。

那麼，如何能做到堅定的溝通？有甚麼技巧？

I. 直接指出對方令你覺得不舒服的地方，以及帶來的後果

不需要「加鹽加醋」，也毋須轉彎抹角。在這部分的主要目標是讓對方清楚明白他們做了甚麼事，以及所帶來的後果。

例如說：「你將我的私事告訴其他同事，令愈來愈多同事知道我的住處，我聽到他們在討論我。」

II. 嘗試多在句子開首用「我」

避免經常說「你做了甚麼」「你令這件事情發生」「你應該負責任」……這些以「你」為開首的句子，它們帶有指責的意味，會令對方覺得不舒服，聽不入耳，甚至將這些指責推開。不妨嘗試多用以「我」為開首的句子，邀請對方從你的視角理解你的內心世界。

例如說：「我心裏面覺得不舒服，我一直都不希望這麼多人知道我的私事。」

　　大家可以參考以下由 Pipas 及 Jaradat（2010）所建議的堅定溝通方程式，再融合上述的技巧，便可以有效地與對方溝通，表達自己的需要，釐清底線。

────**堅定溝通方程式**────

　　當……（情況）出現，就會……（情況帶來的後果）。我覺得……（自己因該行為而產生的感受）。我希望……（自己期望出現的改變）。

3.3
被利用的努力

日日夜夜，我都在努力工作。但是，我這份努力經常被加以利用。

最近，我留意到我的工作量比起其他同事更多、也更困難。當我辛苦完成了十份工作，他們才施施然完成一兩份簡單的任務。輕鬆完成工作後，同事們每天總是能準時下班，有時更有空間與其他同事閒聊生活瑣事。忙得一頭煙的我看到這些畫面，心裏面不禁會覺得憤怒。

「明明大家職級一樣，為甚麼彼此的待遇會如此不同？」

「為甚麼我每天都要超時工作一到兩小時，而他們卻能夠定時定候拍拍屁股就走了？」

「我也想早些回家，享受私人時間，與家人相聚共進晚餐……為甚麼我要在這裏 OT？」

我曾懷疑過問題的源頭是自身能力不足，導致我需要比其他人加倍努力才能完成工作。但我很快就意識到並非如此。我做事勤奮並富有責任感，交託到我手上的每件事，都必定會盡全力辦得妥當。可是，上司總會不斷提供新的「學習機會」給我，而甚少指派工作給其他人。我連續多晚加班才順利完成的工作，上司就只是敷衍地讚美幾句；但當我完成不了任務，就會被上司嚴厲指責，有時更被要求反省自己的不足。

漸漸地，我不知道到底是為了甚麼而奮鬥。我不但沒有獲得任何獎賞或回報，甚至連一句慰勞也沒有，工作愈做愈辛苦，壓力愈來愈大。

獎罰不分明

自己頻頻被要求完成難度高、吃力不討好的工作，還要被上司多多挑剔；無論自己多麼努力，都不會獲得真正的欣賞；而那些所謂的「學習機會」，都是上司和同事矇騙你，好讓你心甘情願繼續被勞役的伎倆。表面上好像是「為你好」，實際上就是在利用你。

我們從小到大都被灌輸做得好就會得到獎勵的道理。操作制約（Operant Conditioning）是行為主義心理學中的重要理論之一，原理是當某種行為出現，而得到獎勵或懲罰時，往後該行為出現的次數就會相應增加（獎勵）或減少（懲罰）。換言之，若想強化一種行為，需要在行為出現時給予合適獎勵（Positive Reinforcement），或減少不喜歡的事物（Negative Reinforcement），例如下午五時前做完功課可以到公園玩半小時，或者可以少做一項家務。

相反，若想減少一種行為，則需要在行為出現時施予懲罰，又或移除喜歡的事物（Negative Punishment），例如出手打人就要罰抄，或者扣減自由活動時間 10 分鐘。大部分人在成長過程中，都會在不同環境接觸到這個學習行為的方式。

如果我們做出理想行為（認真努力工作），獲得的卻是懲罰（上司的刁難或責備，更困難的工作，減少休息時間），不但會令人覺得困惑不解（我不是做對了嗎，怎麼會這樣？），更無法鼓勵理想行為持續出現。職場中的我們，就正正面對着如此矛盾的局面。表現得好沒有任何獎勵，反而會有更多機會「被懲罰」！

「但為甚麼是我而不是其他人？」

不想繼續下去

身邊其他同事的待遇都跟我截然不同，重點不是工作量的多寡，而是彼此待遇的差異。不公平，會令大部分人感到憤怒、失落。有些人更會希望主動出擊，為自己討回公道。

懷着滿腔怒火，如何投入工作？

I. 我的聲音需要被聽見

職場上的利益衝突，令人感到無法暢所欲言。然而，這並不代表自己的聲音不重要、不需要被他人聽見。每當上司給予新職務時，可嘗試鼓起勇氣禮貌地拒絕，例如說：「唔好意思呀，我知道你想交多啲工作畀我去處理。但係我手上仲有其他工作，暫時無空間處理呢個計劃，麻煩你搵另一位同事幫手。」

明確地表達自己的難處，並拒絕對方的要求，令對方明白自己的底線。

II. 定期降溫

有時即使我們多麼努力去改變現況，事情仍然可以不如所願。每天面對着同樣的情況，卻又無能為力，難免會感到不公平。積累的怒火，儼如火山般突然一觸即發，一發不可收拾。在盛怒之下，我們會容易做出衝動、不顧後果的行為。比如貿然辭職、破口大罵、撕爛重要的文件等等。當刻這樣做，感覺固然十分「爽」，但冷靜下來後就得自食其果了⋯⋯

所以，我們得學習一些方法，幫助自己「適當地」、「一步步地」降溫。為憤怒的情緒找個出口：

- **停一停：**發現自己十分惱怒時，就讓自己停一停，甚麼都不做。總好過做出會令自己後悔莫及的事情。

- **分心小活動：**安排一些分心小活動，讓自己不再往憤怒裏頭鑽，分散注意力。譬如到樓下便利店買包零食、去洗手間用冷水洗臉、聽一首歌，碌一下 IG 等等。

- **放鬆練習：**放鬆練習可以是分心小活動的一種，簡單如深呼吸、嘆氣，已經可以帶動身體進入一個鬆弛的狀態。你也可以選擇自己喜歡的放鬆練習，只要能夠讓自己放鬆一下，事情 / 心情就可能變得很不一樣了。

3.4

小人讓你躺着也中槍

「阿 May 你入一入我房，我想問你少少嘢。」我進房後，上司說：「有同事同我講你成日好得閒，掛住食零食，又唔做嘢。」

聽到這番說話時，忍不住說了聲：「吓……唔係呀嘛。」感到驚訝又無奈。

經過一輪解釋，我終於初步化解了危機。幸好我已在公司工作幾年，上司非常清楚我的工作能力和態度，才沒有因為旁人的幾句說話而影響到對我的印象，產生懷疑。實際上，我的工作量絕不算少，肯定不足以讓我每天「很空閒」。零食也只是偶爾需要放鬆一下才吃，並不是那位同事所說「只顧着吃零食不工作」的懶惰員工。

　　從其他同事口中得知，原來那位投訴我的同事已經是「慣犯」。天天事無大小向上司報告「自己的所見所聞」，有時甚至扭曲事實。之前已經有好幾位同事慘遭其害，幸運的，花些唇舌就渡過難關；不幸的就因為一些無謂的小事而被罰，最嚴重的更試過降職減薪，真是人言可畏！「躺着也中槍」！

無謂卻實在的憤怒

　　「咁樣做對佢嚟講到底有咩好處？做咩無啦啦搞着我，我又無得罪過佢！」

　　「搏上位都唔使咁做呀⋯⋯」

　　怒火中燒的我不斷在盤算，無故被人陷害，置於不利的境況，突然要多花工夫去處理額外且無謂的心理負擔，固然會讓人感到不快。由一開始聽到上司突然喚我進房時的驚惶失措，直至聽到無理投訴後感到的不忿和憤怒。全都是因為該同事！

　　就算你對我有多不滿，也用不着這樣「打小報告」是吧？為

何不先直接告訴我就跑到最高領導人面前「篤背脊」？還要扭曲事實，陷害他人，不怒才怪！

想出新角度

雖然問題的根源在別人身上，但我們難以改變別人的行為。不過，當對方的行為影響到自己的情緒，我們亦可以選擇用不同的方式和辦法應對。與其將力氣放在無法改變的事情上，倒不如花心機好好照顧自己的需要。

除了上一節〈3.3 被利用的努力〉文末提到的放鬆技巧和活動之外，我們也可以選擇換個角度去看事情，紓緩一下自己的憤怒情緒。認知重建（Cognitive Restructuring）是來自「認知行為治療」的一種技巧，顧名思義，認知重建就是要重新建構我們對一件事情的想法。

思想、行為和情緒三方面會互相影響，在憤怒情緒的影響下，我們的想法很容易也跟着走向極端。當想法走向極端，憤怒情緒就會持續升溫，最後或會衝動地做出令自己後悔的行為。

以 May 的遭遇為例，如果她因為同事的投訴而憤怒，認為「那個同事真係好乞人憎！我同佢完全溝通唔到！」May 可能會拒絕在工作上與該位同事溝通合作，最後影響自己的工作表現，令上司、同事對自己的印象變差。

若留意到自己的思想走向極端，可以嘗試問問自己：

- 到底事情有這麼嚴重嗎？

- 最壞的結果會如何？

- 最好的結果會如何？

- 最有可能發生的結果是甚麼？

- 經過這樣的思想工程，May 的行為又會怎樣？

　　我們也可以換個角度思考，想想自己在這次令人氣憤的經驗中學習了甚麼。比如說：「幸好沒有甚麼嚴重的後果。我學會了防備他人，以後更小心地保護自己。」採取這樣的思考角度，我們的感受又會有甚麼不同？

你又能為這件事想到甚麼不同的角度呢？
（歡迎大家寫下想到的新角度）

3.5
總扮成受害者的豬隊友

　　職場上有一種同事，忙倒是幫不上，反而加重你的工作量，要額外花時間替他善後。但他又毫無悔意，反而諸多藉口、指責別人（有時候甚至是幫他的你），或是怪罪於自己運氣不濟──反正不關他事。

　　有另一種同事，在別人提點他時，不斷認同和表示明白，卻完全沒有將話聽進耳中。其他同事或上司問起來時，他就推說是誰誰誰教的，彷彿完全與自己無關，完美卸責。有些時候，一個團隊合力完成的一個項目，這種同事在犯錯後，往往會要求其他人幫忙解釋，外面的人不知道內部分工，以為是其他人令事情變

成這樣，即是又不關這位同事的事了。

起初一段時間，你可能會覺得他真的不懂，或者是因為年輕而入世未深，不清楚職場上的待人接物。但他的行為漸漸令你覺得他其實是「扮豬食老虎」（即表面看起來扮演受害者，背後設局讓你掉下陷阱），而你即使跟上司說，也未必有實際證據證明他的圖謀不軌。

無可否認，很多地方都有這類人存在。他們好像犯了錯不用負責，繼續在不同的地方扮演着受害者的角色。大部分人都不知道他們在「扮傻」還是「真蠢」。

此時的你可能會感到非常憤怒，因為他們沒有付出，甚至加重了別人的工作負擔，卻仍然可以照樣留在公司領薪水、享福利，真是不公平！

職場上不公平的事時有發生，實在避無可避。可是，由不公平所引發的情緒，你又有注意到嗎？

憤怒的一體兩面

憤怒，是人類的基本情緒之一，它會在人類演化過程中一直保留下來，其中一定有着重要的作用。

憤怒的背後是告訴我們，有不公平的事情發生，我們需要站出來捍衛自己，就好像在文首所述的職場情境，憤怒在提示我們，這位同事的做事方法會帶來不公平，我們要為自己爭取合理待遇和權利，是正常且健康的情緒。

憤怒屬於一種比較明顯的情緒，可以掩蓋其他的情緒及感覺。當感到強烈的憤怒，甚至有點失控，我們又可以怎樣處理呢？

　　這時，我們可以先肯定自己的不忿、憤怒，並給予自己一點空間和時間處理／疏導憤怒，可以考慮離開現場，或是做一些分散注意力的活動。

　　接着嘗試思考一下，是不是有一些特定的事情、狀況、人物，令自己感到特別憤怒？而令自己感到最憤怒的，又是甚麼？這樣的思考，可以讓我們明白多一點憤怒的情感需要，並找出自己重視的是甚麼。是上司的不公平處理手法？是工作分配不平均？是責任承擔不公允？

　　知道了自己的情感需要和重視的是甚麼，我們會更容易好好計劃下一步行動，回應自己的憤怒之餘，也滿足自己的情感需要。當然，如果自己想來想去都想不通，也可以找信任的朋友傾訴，一同部署下一步行動。

保持距離 互不干涉

　　第二種實際方法，就是跟這類「豬隊友」同事保持距離，保持禮貌而不干涉、同時也不被干涉——例如將自己跟對方的職責分隔清楚，報告給上司的部分也刻意分開。如果不幸地需要跟對方合作的話，便需要清晰地作出分工，讓同事、上司知道各自負責的部分。

另外，憤怒雖然是其中一種正常的情緒反應，但凡事都是過猶不及的。當任何一種情緒反應過度，便會傷身、傷心又傷人，所以「豬隊友」的出現，從另一角度看，可能是在訓練我們的情緒管理呢！

3.6
請問你可以醒少少嗎？

　　Tom 有一個下屬，是三個月前才從另一個部門調過來的。這位同事本來對於 Tom 的部門一無所知，然而 Tom 非常耐心地將自己所認識的都教給這位同事。之後 Tom 與這位同事一直都相安無事，直到 Tom 今天仔細跟進該同事所遞交的文件時，才發現了一些蛛絲馬跡——這位新同事將要做的部分都搞錯了！

　　明明早在一個星期前，Tom 已經鉅細無遺地向這位新同事交代過需要處理的內容，又問他要不要先示範一次，雖然那時對方一直說沒有問題，但神情卻充滿疑惑。只是 Tom 聽說新同事在另一個部門時已經做過類似的工作，才對他的反應不以為意。

除了一些「不懂又要裝懂」的人，職場上還有一些對所有事情都缺乏認知，卻「又笨又不知進步」的人。這些人在所有事情上都要別人提點、教導，以及仔細跟進他的每項工作，其他人提點過後，他仍然原地踏步，繼續用自以為對的方法做事，彷彿沒有意識到自身能力的不足，又不知道怎樣提升自己。

跟上一節的「豬隊友」不同，現在説的這類人偏向不知道自己的問題存在，他們可能是真的覺得自己做得很好，沒必要改變。「我就説是這樣！」往往是這種人的口頭禪。相比「豬隊友」，這類人在職場出現的頻率可能更高。

面對這類同事，我們會感到憤怒、無奈，其實是人之常情。不過，如何可以在憤怒之餘，不被情緒牽着鼻子走？

了解想法與情緒的聯繫

關建或許在於我們的想法！問問自己，對於這樣特別的同事，你會有甚麼想法？

試試就以下的想法，用 0 至 10 分評估一下每個想法會令你有多憤怒（0 分代表完全不憤怒，10 分代表極度憤怒）？雖然我們可能永遠無法知道對方真正的想法，但我們或者會發現，原來只要自己的想法不同了，憤怒的程度也不同，沒理由用對方的不足來懲罰自己，對吧？

- 故意擺爛：「你這是在故意擺爛、搞破壞，拖累我們，是不是？」

- 刻意氣你:「你對我有很多不滿,想要氣死我,為我帶來麻煩?」

- 自我防衛:「有事情令你覺得不舒服,你要用這種方法保護自己?」

- 純粹的笨:「可能你的能力 / 時間有限,只能做到這個程度?又或者需要多一點幫忙?」

- 有人撐腰:「恃着有上司撐腰,就耍大牌亂來?」

培養同理心

當我們知道事情並非只有一種解釋時,可能會更開放,更願意接納其他人跟自己的差異,不被憤怒的情緒牽着鼻子走,也更容易培養同理心──由自身出發,理解其他人的難處。

多了一分理解,我們就會更能夠易地而處,從容不迫地面對職場百態。

【第 4 章】

hung2　　　　geoi6

恐懼
hung2　geoi6

【釋義】惶恐、害怕。

【近義詞】

害怕：心中恐懼不安。

畏懼：害怕、恐懼。

膽怯：膽小怯懦。

參考資料：《國語辭典簡編本》第三版

4.1

出氣袋

公司裏面有位「老屎窟」（即「老油條」，倚老賣老的人），恃着自己在公司工作多年「貢獻」甚多，自以為高高在上，經常對不同的同事指指點點，教人做事。

他心情好的時候，會放下身段，跟各位同事說說笑。

但當他心情不好時，只要你經過他身邊沒有說早安，他就會借題發揮，無緣無故罵你一頓。

而他對着我，彷彿一直都停留在心情不好的狀態。不知從何時開始，他會將我犯的錯小事化大，總是要把無關痛癢的事放到極大，然後藉故教訓我一頓。

我不知道自己做錯了甚麼，導致自己成為了被他針對的對象。我嘗試將工作做到盡善盡美，以免又有痛處被他捉到。但我的壓力也因此倍增，一旦偶爾有事情做得未夠好，內心便會擔憂不已⋯⋯

「唉⋯⋯唔知今次佢又喺會人哋面前鬧我啲咩喇⋯⋯」他老是完全不顧我的感受，在其他同事面前大聲責罵我，令我面子全失，十分難堪。在公司碰到面時，我都會本能地避開他，因為我已經怕了他⋯⋯

職場欺凌

有時候我也覺得是自己的問題。

「不論我怎麼做，他也不會覺得好，因為做的人是我。」

有時候又覺得是他的問題。

「我根本沒有做錯，是他針對我啊。」

我心裏經常都想反抗，但又不敢，生怕得罪了在公司中擁有「江湖地位」的他。每次被他針對時，我害怕之餘，也有憤怒和不甘心。

職場欺凌是由重複的惡意行為所構成，被針對的對象通常不斷遭戲弄、糾纏和侮辱，而被欺凌的人往往會認為自身沒有能力或資源對抗這些惡意行為（Brodsky, 1976；Johan Hauge, Skogstad & Einarsen, 2007）。被欺凌的人會因此而感到怨恨和困擾。除了影響自身工作表現之餘，職場欺凌亦令工作環境變

得很不理想（Einarsen & Raknes, 1997），連旁觀者也會受影響（Vartia, 2001）。

為欺凌劃上休止符

Baillien 和他的研究團隊（2008）指出，若使用無效的應對技巧面對職場欺凌，或者會提高成為欺凌對象的可能性。因此，合適且有效的應對方法，是停止職場欺凌的關鍵一步。

應對技巧可以分為兩大類：針對情緒的應對技巧（Emotion-focused Coping Strategies）以及針對問題的應對技巧（Problem-focused Coping Strategies）。Lazarus 和 Folkman（1984）認為，針對情緒是無助於解決職場欺凌的，而針對問題才是更有效的方向。

不過，近年的研究也指出情緒應對的重要性（Mak & Meuller, 2000；Bhagat et al, 2010），認為情緒應對能夠帶來短期的緩衝作用（Buffering Effect），減少職場壓力事件對情緒健康的負面影響。至於針對問題的應對技巧也不是萬試萬靈。若情況無法被當事人改變和控制的話，這種應對方法反而會弄巧反拙，進一步影響情緒健康（Carver & Connor-Smith, 2010）。

Karatuna（2015）的質性研究（Qualitiative Study）深入地訪問了 20 名遭受職場欺凌的人士，按他們的回應總結出以下應對職場欺凌的方法：

I. 針對問題

- 尋求幫助：請其他同事一同介入，處理欺凌的情況；

- 向有關機構 / 部門作出正式投訴；

- 正面對抗欺凌者；

- 離開現場 / 工作環境。

II. 針對情緒

- 尋求社會支援；

- 向專業人士尋求情緒支援。

4.2
完美使者

你說他是一個高要求的人？是的。

你說他的要求合理嗎？……完全不是。

我們的上司是個事事都要力臻完美的人，他對自己和身邊的人都有極高且極不合理的要求和期望。在其他人眼中，我們的團隊被視為「地獄團隊」，因為我們就彷彿在地獄中工作，長期承受魔鬼上司的壓力。

一旦他發現任何不滿意的地方，即使多麼微小，他都會抓着這個細節展開攻擊。明明事情無關痛癢，他總有能力將每件小事化大。不斷挑剔和批評之餘，又會說出一些令人難堪的說話。

「你自己反省吓點解呢一個位都可以錯。你無得救㗎喇！」

「我請你返嚟有咩用？你到底有冇用腦？你同嚿垃圾有咩分別？你答我呀！」

當時我只是忘了為文件加上頁碼，他就對我發了這麼大的脾氣。相反，我為文件重要部分所花的工夫，就被他視作理所當然，不值一提。

因此，每當大家遞交文件時都會精神繃緊，事前進行千百次覆檢，以免讓他捉到任何錯處。不過，即使如此，他亦會有方法從雞蛋裏挑骨頭。

最終能夠在這片地獄中「活下來」的同事們都悟到了一個道理，就是：「不論我做得多好，我都不夠好。」

好像好了些但又好像沒有

遞交文件時我總會感到強烈的恐懼和不安,不斷地想:

「不知道他這次又會找到甚麼錯處呢?」

「糟糕了!我覺得我還有很多地方都做得未夠好⋯⋯」

「我會不會要重新做一次呢?」

在臨近死線前的幾個晚上,我壓力大到輾轉難眠,腦海中不斷將文件覆檢再覆檢。有時候,我真的無法承受這龐大的精神壓力,只好獨個兒失控大哭。

恐懼跟焦慮不同。人們會為未來可能發生的事情感到焦慮和擔心,而面對眼前正在發生的威脅就會感到恐懼。恐懼和焦慮兩種情緒會互相影響,亦會同時出現。

在感到焦慮不安時，我們很容易會用上安全行為（Safety Behaviors）來減低不安感。比如覆檢文件，可以令自己在短期內感到安心，好像「做了些事情令自己好一點」。可是若你不斷這樣做，長期下去只會令自己愈來愈緊張。

為甚麼？

因為沒有事情是完美的，你總能夠找到一些失誤。每次找出錯處後作改正，的確能短暫地讓你感到安心。但很快，你就會想「我可能還有別的錯處，不如再重看一遍」，因而變得更加敏感和神經質，最後愈檢查就愈緊張。

兩招趕走心魔

I. 不要一直向前衝

面對處處挑剔的魔鬼上司，我們容易長期處於高壓狀態，更不自覺地出現以上提到的安全行為——把文件覆檢再覆檢（或其他安全行為）。要學習分辨「做得太過分」與「恰到好處」的界線，偶爾都要讓自己停一停，問一問自己：「到底是否還有需要繼續？」（一次不夠的話，就問自己三次吧）

在適當的時候煞停自己，可避免造成過分焦慮，不再繼續在恐懼的漩渦之中轉呀轉。

II. 學會接納和欣賞自己

追求做到最好，最後只會覺得自己總是不夠好。即使上級不懂得欣賞自己的努力，這不代表你不能夠成為欣賞自己的人。

請想想：「不論結局如何，我都已經盡力做到夠好了。」

在有限的時間和資源下，做到足夠好便可以了。

處身不斷受批評的環境之中，我們更加需要學會停止對自己的不必要批評，習慣對自己好一點，多一點包容和體諒。

4.3

天天「食死貓」

　　每次經理要我「食死貓」的時候，心裏面都不禁嘆氣一百次。那明明不是我的錯，但經理總是怕背黑鍋。一旦有任何差池，他就會將事情歸咎於同事身上。

　　「佢係咪 A 字膊？咁鍾意卸膊嘅。」「人做老細佢做老細，做到佢咁無擔帶，連自己犯嘅錯都承擔唔到。」

　　我還記得，有次他搞錯了企劃書的截止日期，結果遲了一個星期才完成。當時客戶大發雷霆，他事後需要親自向大老闆解釋。豈料他不但沒有承認自己的錯失，更加離譜的是，他竟然推說是因為我負責的那部分晚了遞交，項目才不能按進度完成。

sik6　　　sel2　　　maau1

食死貓

（動詞）

意思：揹黑鍋。

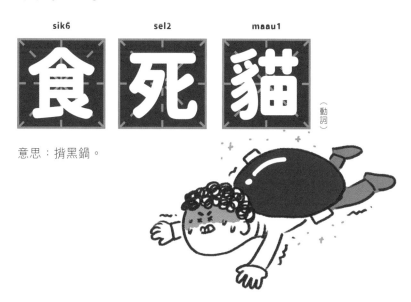

「明明我準時交……明明錯嘅根本唔係我，係佢！」

「點解又係我硬食？！」

我心裏面感到很不開心，亦很不甘心。他每次這樣卸責，都會極度影響我的專業形象。其他同事和上司都會因此而對我產生壞印象，質疑我的能力不足。有時我更加要為他的過失而道歉，每次說出口的時候，心裏很不是味兒。

然而，我不敢發聲。經理每次苦苦地拜託我「食死貓」時，即使我知道不對，甚至很想拒絕他，但我最後還是會心軟答應。

我的內心掙扎不已，很擔心他下次再找我「食死貓」，又不知如何拒絕他。

我沒有錯，為甚麼會道歉？

面對這個情況，有些人會選擇為自己抱不平而發聲，有些人則會選擇默不作聲。為甚麼會有這種分別呢？

性格，可以是其中一個解釋的方向。

有些人很害怕衝突，甚至會逃避衝突（Conflict Avoidant Personality），他們做事偏向取悅別人，會儘可能避免導致任何不和、衝突的情況。不反抗不拒絕，自然可以避免與上司正面衝突，最後默默「食死貓」。

不過，零衝突只是表面，「食死貓」的背後，是無限的自我衝突和內心交戰！

為了遷就別人，將自己真正的感受收起。為了避免和上司碰撞，就算自己沒有做錯任何事情，就算多麼不情願，就算清楚後果多麼嚴重，也選擇「食死貓」，最後不開心的是自己！

「食死貓」一次都嫌多

I. 換個角度看事情

拒絕別人（表明不願意為對方「食死貓」），目的不是要讓別人感到不開心，而是為了保護自己，這是必須且重要的事情。

II. 拒絕，也要練習的

當你試過一次「食死貓」，而對方看到你不反抗，就自然會

以為你好欺負。下次他再犯錯的時候，很快就會想起你可以變成他的御用擋箭牌。

逃避衝突的慣性，會令我們覺得拒絕別人是十分困難的事情。不是「No」這個字很難説出口，而是要衝破説出這個字背後的心理關口。總是擔心拒絕別人後，自己會令對方覺得不開心、對方會不喜歡自己，甚至令整個工作環境的氣氛變差等等。

想太多了是吧？對，我們就是想太多！而且我們都知道自己想太多。但感性上還是無法硬着頭皮説「No」。

如何改變自己想太多的習慣？老實説是不容易的。我們要通過反覆實戰來讓自己明白，拒絕其實沒有我們想像中的危險，也比我們想像的容易接受。

我們不妨嘗試從小事開始，在適當的時候拒絕別人的拜託、請求。實戰過後，我們會漸漸明白拒絕別人原來不是想像中那麼可怕，而且對方也不一定會因為被拒絕而有激烈回應。

III. 化解「如果……」的焦慮

「如果唔幫佢，佢炒我魷魚點算好？」

「如果佢以後唔鍾意我點算好？」

幫上司「食死貓」前，以上種種擔心都是十分合理的反應。不過，當我們不斷循着這個方向擔憂，恐怕以後的「死貓」都要繼續食了。嘗試更深入地了解和分析這些想法，幫助自己化解這些焦慮思想。只要探索到合理的思考模式，拒絕別人就會更事半功倍。

你可以問自己以下的問題：

- 事情真的有這麼嚴重嗎？

- 即使這麼嚴重的話，我可以用甚麼方法應對呢？

- 現實中，最有機會發生的情況是甚麼？

- 其實我都無做錯嘢，佢又有咩理據炒我魷魚？

- 如果佢要唔鍾意我，我都無辦法，我無可能令全世界都
  鍾意自己。

4.4
人肉監控器

例子一

經理經常到處「巡視」同事的工作情況，差不多每隔一個小時就會過來問候你一下。

他會突然出現在身後，擺出一副充滿好奇的樣子説道：「做緊啲咩呀？個計劃仲差幾多搞掂呀？」「咁得閒玩手機嘅？乜你冇嘢做咩？」

每次聽到他説這句的時候，你心裏面都在想：「明明最得閒嗰個人就係你……成日咁得閒 check 人。」

　　不過為免夜長夢多，我在上班的時間都不敢玩手機，免得他又借題發揮。

例子二

　　公司長期都有閉路電視對着同事的座位。本來不以為意，以為只是用來防盜，正常來說也沒有人真的會那麼空閒地監看大家工作。

　　直到一次，有一位同事垂頭喪氣地從經理房走出來。我過去問他發生甚麼事時，他竟然

説經理於「例行巡查」中，透過閉路電視看到他在座位中偷懶，認為他工作態度不夠積極，工作效率極低，所以今年無法加薪。

例子三

每天臨近放工時間，經理就會從房間走出來，站到辦公室的大門旁守候，看看誰最早走。

「做晒啲嘢，準時收工就冇問題啦！」某一位新同事説。

不知道潛規則的新同事很容易犯下這種低級錯誤，説出這些「無知」的話。

「咦，你今日咁早走嘅？搞掂晒啲嘢嘑？走之前入嚟我房傾一陣呀。」每逢見到同事準時離開，經理都會這樣説。

然後那位可憐的新同事就會突然發現自己的工作量大增，之後再也無法準時下班。其他早已領受過這場殘酷洗禮的同事，即使完成了手上的工作，都不敢準時收工，踏出公司門口，大家都在「扮工」。

為何逼得這麼近？

上司關心下屬的工作狀況固然正常，但若做得太過分就不恰當了，就如以上三個例子那樣。

「人肉監控」不但令雙方都辛苦，更為工作環境增添了許多不必要的壓力。

一方面，同事們經常擔驚受怕。總是在擔心上司可能又在閉路電視中看着自己，或者又用甚麼其他方法監察着自己的工作進度。老實說，有哪個上班族不會偷一下懶？要求一個人從上午九點到下午六點都百分百專注在工作上，半點休息時間都不容許的話，實在是不可能的任務！

另一方面，上司也得長期處於精神繃緊的狀態。他要時刻留意着每位同事的一舉一動，每天就如老虎埋伏在草叢中狩獵，隨時準備捕捉獵物，這也着實不好過——是的，捉錯處的那位也不容易。

上司利用自己的權力和地位，對下屬作出不合理的監控，其實是很不尊重和不信任的行為。完成工作，準時下班，明明就是非常合理的事，因為上司的「人肉監控」而無法準時離開，覺得不安、害怕和生氣都是正常的。

我只要求「合理」

　　當你留意到自己因為上司的無間斷監控而感到焦躁不安，可參考本書附錄〈情緒急救站〉中的放鬆技巧，讓心情平復下來。可是，我們很清楚這些都是治標不治本的方法，壓力和恐懼的源頭一日存在，問題還是揮之不去。如果上司是有商有量的，你可以嘗試運用以下的方法表達自己：

I. 合理的距離

　　「我希望你留番啲空間畀我，我會舒服啲。」

　　就好像人與人之間都會有合適的社交距離，這在上司和下屬之間一樣適用，才能令雙方相處得安全和舒服。不當的距離、逼

得太近、見得太頻密，都只會讓人覺得不舒服，就好像別人踏進了自己的禁區，感到被入侵。

II. 合理的要求

「我知道你擔心我哋嘅工作表現，但我都希望你可以調整一下你嘅期望。」

正如以上提到，每天需要百分百完全地投入到工作，絲毫不分心是十分困難而且不合理的要求。可嘗試透過有效的溝通，調整彼此的期望，從而減少衝突和摩擦。

就文首的三個情境中，你認為合理的要求是甚麼呢？

4.5
雙面人同事出沒注意！

2022 年時，*My Melody* 的動畫在網絡上瘋傳，不少網民羅列細節，向其他人說明主角 Melody 其實是一個「綠茶婊」。其中一個故事是 Melody 曾經在朋友 Kuromi 的傷口上重複撕開和貼上膠布，令 Kuromi 的傷口痛上加痛；另一個故事是 Kuromi 有次在遊戲中辛苦地打到第 963 關，Melody 竟然沒有問過 Kuromi 就拿了遊戲來玩，然後「一不小心」就輸掉遊戲。

上述兩個故事只是其中之二，故事的共通點就是 Melody 表面上看起來人畜無害，甚至不斷伸出友誼之手，但往往好心做壞事，害得身邊人雞毛鴨血。那些你以為最善良的人，可能才是令你防不勝防的人。

生活都尚且如此，職場上的情況可能更甚。當你以為那個同事是值得信任，可以做朋友，看到他獲得別人幫忙之後還會道謝，感覺就是正常人一個。原來這個同事只是表面友好，實際上笑裏藏刀，暗暗捅你一刀！你明知道他會害你，但還是因工作需要而不得不繼續跟他有來往、溝通，相處時很格外小心翼翼，步步為營，感覺很不好受。

每次這個同事用「綠茶婊」的聲音和表情向你道歉，你就知道甚麼是愈「親切」愈陰險了。而你呢？可能會因為太經常「留意」這個同事小動作，令自己無法專心工作，影響做事效率。如果他是一個擁有權力的人，你或者會不自覺地感到恐懼、緊張、擔心，即使在工作地方遇上了，也會想方設法儘量迴避跟對方接觸。逃避的確是最快的「解決問題」之法，可是，如果我們的情緒沒有得到妥善處理，情緒會慢慢累積，恐懼、緊張、擔心……會令壓力升溫，嚴重的更會出現身體反應。例如睡眠受到影響、下班後仍然焦慮不安、消極的思想不斷出現，甚至連放假時也難以休息。

不再迴避　正視恐懼

恐懼情緒容易令我們逃避，逃避是一應對情緒的方法之一，令我們可以暫時脫離強烈的情緒。不過，逃避可是權宜之計，如果情緒沒有得到正視，情緒困擾只會有增無減。

因此，當你察覺到逃避成為了常態，譬如強迫自己不去想，或嘗試以其他方法來麻醉自己，或許我們就應該給自己一點空

間，好好正視／認識自己的害怕和焦慮，你可以試試以下的方法
（也可參考附錄〈情緒急救站〉的靜觀練習）：

I. 嘗試重新接觸想逃避的人、事、地點、活動、工作等

當自己見到某同事想「運路走」，可以試試直行直過，甚至
與該同事來一個簡短的眼神接觸。

II. 加強生活的能力感

是否遇上 Melody 同事，不是我們可以控制的；而 Melody
同事怎樣對我們，也不是我們可以控制的。我們能夠控制的是自
己的工作和生活。從一些簡單的任務開始，例如家務、私人事
務，逐一處理，從中得到成就感和能力感，擺脫 Melody 同事帶
來的陰霾。

4.6

誰是人？誰是鬼？

「這個人相當有可疑……」「他肯定就是故意圖你好處、套你話！」Tom 的朋友這樣回應。

話説 Tom 有一位同事，表面裝作跟 Tom 很友好，有事無事都來找 Tom，午飯時偶爾也會主動來問候聊天。但又有誰不知道，這些言行都是煙幕，那個同事其實希望取悦老闆，而在各同事之間穿梭，套取「秘密」，隨時匯報老闆。

最可恨的是，這個人後來竟然篤 Tom 背脊，向老闆告狀，但表面仍然「扮無辜」，裝作為 Tom「解圍」。幸好事情本來不是 Tom 的錯，才得以倖免。經此一役，Tom 開始變得非常害怕那個同事，再也不敢跟他説話。

有人的地方就有事情發生。大家身邊或者也少不了這種同事，令你覺得他是故意在你身邊轉來轉去套取資料，而非真正關心你。他看似跟所有人都稔熟，實際上是時時刻刻想在別人身上拿好處，更會特意查問你私人事情，或是利用來自其他人的情報跟你交換消息。在這些情況下，你很難不說出一些資訊，況且你也知道他為自己製造了一個好的形象，老闆信任他、重視他，是一個你不能得罪的人。

這個時候，相信大家也會跟 Tom 一樣感到恐懼，生怕有一天，這個人真的會害自己失去工作。Tom 便選擇在公司擺出一張 Poker Face，將所有情緒都收在自己心裏，不作一聲。每當 Tom 看到那個人與其他同事都好像很稔熟，又會害怕自己被針對、被排擠，卻不知道可以跟誰吐苦水。

「語言偽術」與睡眠衛生

在故事中，Tom 做了一個很好的選擇，就是跟信任的人傾訴。職場壓力山大，有誰沒有苦水？關鍵是有沒有吐苦水的對象，有人聆聽、明白自己的心情，怎樣苦的水也可以得到釋懷。不過，有時候光是跟朋友訴苦不能解決工作的困境。畢竟職場上並不是事事可以對人言，也不是每一位同事也可以推心置腹。與其一肚子委屈生悶氣，不如學習一點「職場語言偽術」，禮貌而不失霸氣地回應別人的「好奇提問」。

每當那些「好奇心旺盛」的同事不斷發問的時候，你可以避重就輕，像玩閃避球般躲開攻擊。當你覺得迴避話題已經不再管用，不妨嘗試「主動出擊」，當別人把球拋給你，你就來一個轉

身射波，意思是主動將話題中心帶回對方身上。例如以關心語氣反問對方類似問題，重奪主導權。每個人都想得到別人關心，當你主動詢問，對方就得被動回應，話語權就在你手了！

另外，職場壓力也容易導致睡眠不佳，很多人會不自覺地將煩惱思緒帶到睡床上。儘管睡眠可能是一天中最可以靜下來的時間，但它也是一個讓腦袋和身體放鬆的時間。如果我們太習慣在床上想東想西，腦袋會慢慢習慣了將「擔心、焦慮」的想法與睡床連繫在一起。久而久之，當你一躺到床上，腦袋就自動啟動「煩惱機器」。因此，心理學上很強調睡眠衛生（Sleep Hygiene），當我們養成睡覺前後的好習慣，就可以讓腦袋學懂睡覺時要「關機」休息。以下幾項做法，大家可以挑選一些嘗試：

- 不把煩惱帶到睡床上，如果控制不了，可以先離開睡床把問題寫下來；

- 下班後下班，睡覺時睡覺（加強活動之間的分割）；

- 來一點小儀式。睡前半小時只做令人心情放鬆的活動，幫助自己準備睡覺。不玩手機或其他電子產品，也不在睡床上做一些令自己精神的活動（性行為除外）；

- 如果躺在床上超過 15 分鐘，還是眼光光睡不着，就離開睡床；

- 保持睡眠環境舒適：燈光暗、較為寧靜，溫度可稍低（約攝氏 20 度）。

職場上的種種煩惱確實容易令人透不過氣，大家要好好休息，照顧自己，才有氣力繼續前行。

第 5 章

無力感

mou4　　　lik6　　　gam2

無　力　感
mou4　lik6　gam2

【釋義】心裏的願望，因受阻礙或能力才幹不能
　　　　全然發揮，所產生的挫折感。

【近義詞】

無奈：無可如何。

無能為力：沒有力量促進事情的發展。

力不從心：心裏想做某事，力量卻無法達到。

部分參考資料：《國語辭典簡編本》第三版

5.1

老闆，你說了算便算

腦細：喂！阿邊個！你呢個 idea 好唔掂（好不行），要再執執。最好加多啲火花。

社畜 Tom：（黑人問號）會唔會話有啲咩具體嘅「火花」想加落去？

腦細：冇，總之就想有 feel 啲啦！

下刪一萬個 edits⋯⋯

腦細：嗯，唔係喇，睇睇吓咁咁咁咁（跟最初版一樣嘅 idea）最好，都係我有諗頭！

當你做到無力繼續下去

「file name: proposal_final_final_v12_final」

Tom 坐在電腦前，看着修改了千百遍的文件，再看看身邊的同事都已默默離開辦公室，他無奈地繼續往鍵盤裏死鑽，腦海裏同時閃着上司剛才對其企劃書的批評，卻又不明白需要更改的是甚麼……此際，重重的無力感湧上心頭，像是在告訴他——這麼努力又有甚麼用處？反正上司就不會滿意。

不知道這個情境是否似曾相識？相信你並不孤單。

身為打工仔，每天埋頭苦幹，為的只是做出一番成績，獲得別人肯定，當然最重要是要糊口吧。

不斷做做做，希望聽見的是上司説「做得好」「這個企劃就交給你吧」。

可是，現實中似乎只會聽見「這個還是不行」「可以做得更好些嗎」……心裏的無奈、失望、疲累，堆積成為重重的壓力。面對這些感覺，我們只能跟從老闆的說話，修改、更正、再完善，希望可以證明自己的能力。你以為做到了，那種不能言喻的疲累就會消失……？

可惜，不斷的努力只換來批評。

「這個感覺可以有點不一樣嗎？」「這方案不夠節奏感，可以跳動一點嗎？」

面對批評，你嘗試積極回應，力臻完美。不過，你積極的同時，卻發現不知如何入手，上司的批評沒有任何實際、具體的建議可以參考或跟隨，再三追問上司又不作解釋，真夠迷失。然後，當你辛辛苦苦在迷霧中找到方向，完成最後 final.final.final.final 的版本時，上司跟你說：「我想用番你第一個版本。」

晴天霹靂的你，此刻又在想甚麼呢？

哎呀，我究竟該怎樣做？

面對排山倒海的工作，難以理解的上司，眼前變成垃圾的心血結晶，此時的你可能會……

I. 情緒及想法

- 感到憤怒，質疑上司是否針對自己（玩嘢嗎？）；

- 感到厭倦，好想一直頹廢，草草了事（算啦你係老闆，你想點就點！）；

- 感到無力，懷疑自己，對自己失望……（其實我係咪好廢好無能……？）

II. 身體反應

同時，當情緒來襲時，你有留意到自己的身體同時發出甚麼警號嗎？

- 肌肉繃緊、酸軟；

- 手震、手心出汗；

- 心跳、呼吸急促……

憤怒、恐懼、驚訝等是人類與生俱來的原生情緒（Primary Emotion）。原生情緒是我們對情景、事情最直接的反應，它們可以幫助我們生存，讓我們面對危機時可以儘快行動，以求自救。但是，原生情緒很多時候伴隨着次級情緒（Secondary Emotion）。次級情緒其實就是對原生情緒的情感反應。這些次級情緒是在我們分析、評估事件後，結合過往經歷而引發出來的情緒，所以，即使我們的原生情緒一樣，次級情緒反應都不盡相同。例如 Tom 面對老闆的批評而感到焦慮（原生情緒），Tom 想了一想，自己焦慮的原因，是老闆的評語令自己想起了之前負責的一個項目被客戶投訴，卻因為資源及人手分配問題而無法滿足客戶要求的無力感（次級情緒）。

回想一下，我們或者也有類似的經驗，明明自己正在經歷一些情緒，卻發現真正令自己困擾的其實是另一些以往發生的事情、感受。若次級情緒沒有得到適當處理，積壓下來所引發的問題，可能會帶來更大情緒困擾。

不過，也有研究發現，當我們留意到積極的次級情緒，它們可以成為其他已經（或同時）產生之消極情緒的緩衝，甚至幫助我們從創傷及壓力中復原（Braniecka, Trzebińska, Dowgierl & Wytykowska, 2014）。

察覺情緒　辨別來源

那麼，如何適當處理次級情緒？第一步是覺察自己不同層次的情緒。透過注意自己的身體和情緒的各種反應，理解自己究竟正在經歷些甚麼。靜下來問問自己：當刻最強烈的感覺是甚麼？身體發生了甚麼改變？發生甚麼事情令你有這種情緒呢？腦袋疏理出來的想法又是甚麼？這些感覺或想法對你來說是代表着甚麼嗎？

之後，我們可以嘗試分辨最強烈的情緒，是對單一事情而出現的情感反應，還是伴隨着的其他情緒反應？例如，面對老闆的無理要求，我們第一個反應可能是憤怒，而憤怒的背後，可能是無法改變現狀、無法解決問題所浮現出來的無力感（請參考本書附錄中的「ABC 工作紙」）。

舉例説：Tom 留意到自己對於老闆否定自己的工作能力時最激動。每當被老闆指責事情做不好時，他會不斷想着老闆的批評，同時不斷怪責自己欠缺能力、沒有用。Tom 發現，原來自己焦慮的背後，是一種無力改變現況的感覺。

簡單來説，這兩個小撇步可以讓我們更加了解自己對於不同事情的感受。透過分析不同事件，以及自己應對事件時的態度

和反應，我們就可以更加清楚自己是否對某種事情的情緒反應更大。而該事件所引發的次級情緒又是甚麼？留意、覺察，令我們面對及排解自己情緒時更得心應手。

如果你真的好像 Tom 一樣，發現自己經常出現無力感時，可以試試以下幾個簡單步驟：

i. **分辨無力感的來源：**是甚麼情況讓你特別有這種感覺？

ii. **列出幾個你已完成的事項：**工作上你曾經完成甚麼事情（無論是否重要）？

iii. **欣賞自己的辛勞：**老闆的要求嚴謹，我能夠走到現在這階段真的很棒！

iv. **嘗試列出幾個短期可完成的簡單小目標：**你和其他人一樣，都是一步一步努力地走着，有甚麼是你現在可以先完成的？

v. **繪畫或寫出以上幾個目標如何幫助自己完成工作：**思考一下，這些小目標長遠來說可以帶來甚麼效果？

5.2
沒有比較 哪有傷害

　　或許剛剛進入職場的新鮮人都經歷過，才畢業出來的自己，沒有很多實踐經驗，甚至能力不足，但靠着一開始的動力和熱誠，希望很快可以跟上進度，並將所學的技能和知識應用到工作上。可是，努力嘗試過後，發現並不如預期中那麼容易就熟習起來，又看到有一些跟自己一樣是新手的同事做得很好，比較下形成無形壓力，令人感到很沮喪。

　　可以想到，不同的情緒會隨之而來：自責，覺得自己永遠都做得不夠好；無力，覺得自己一直就是這個樣子；無奈，很想做好，但不知道從何入手。

有一些思想較為消極悲觀的人，甚至只會看到自己做得不好的地方，或者外在環境不好的地方，傾向放大事情的嚴重性，走進一個惡性循環，令情緒愈來愈差。要走出惡性循環，我們得學習分辨自己是否用合理的眼光看待自己以及身邊的人和事物，分析自己所在的環境和身心靈狀態，是否可幫助自己達到你想要的目標 / 目的？

壓力影響學習能力

Yerkes-Dodson 法則（壓力與工作表現的關係）

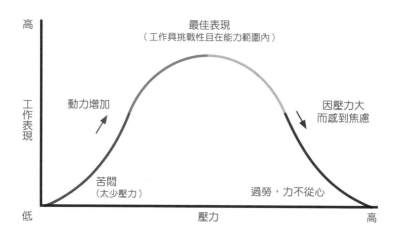

說到外在工作壓力，不能不提壓力的特點，根據 Yerkes-Dodson 法則，原來壓力的高低與表現不是一個由低至高上升的狀態，而是一個翻轉的 U 型。太少壓力，例如重複性的工作或毫無挑戰性的工作，會讓人覺得苦悶、甚至辛苦，因而欠缺動力。但相反，太大壓力、太多挑戰就會讓人力不從心。適當的壓力，如一

些具有挑戰性且是能力範圍以內的工作，才能激發個人內在最佳表現及效率。

當然，作為員工是很難控制其他人的工作能力、工作量或上司要求等因素。但是，如果真的沒法跟上進度以致工作壓力過大，同時又想增進自己工作能力，又可以怎樣辦？

I. 轉換看待工作任務的態度（非強迫，而是真正調整自己）

好像 Yerkes-Dodson 法則所示，只有剛剛好、適中的壓力能夠讓自己最大的能力得到最大發揮。撇除外在因素，調整自己對工作的看法，也可以為調整情緒帶來一定幫助。

正如筆者一直強調，想法跟情緒及行為息息相關，選擇將工作困難視作挑戰（Challenge Appraisal），能夠有助我們學習及進步，嘗試找出工作中有助自己職涯發展及規劃的地方（譬如工作中有哪些部分／技巧是自己能學習的？）。這樣的想法相比起視工作為障礙（Hindrance Appraisal）更積極，因為當我們將工作視為挑戰，源自壓力的情緒困擾便可以減低，讓我們的工作表現、動力走向倒 U 型的頂端。

II. 釐清不同工作表現指標

要定義一個「能力好」的員工，我們會考慮多方面的指標。不僅是提交出來的工作質素和成果，也會評估員工的效率、流暢度、工作專注度、解決問題的能力、原創性、創造力等。

因此，我們的工作目標未必一定是完成工作任務，而是培

養自己成為一個全面的員工，長遠才會對自己的職涯發展有所裨益。是的，一開始可能沒辦法很快提升自己的工作效率和質素，但可以從訓練自己的專注度入手，容許自己有時間熟習工作流程。可以先把工作流程整合，仔細列出各項任務，每完成一個步驟就剔除，讓自己在工作流程中更有滿足感。

創意和流暢度也很重要。有一些相對簡單的任務，只需要一兩個工序或步驟，這些沉悶的工作或許是練習的好機會。好好運用自己的創意思考如何以不同方法做同一樣事情，如何可以提高作業速度，怎樣可以減省不必要的部分⋯⋯讓整個工作更加流暢。

大家亦不能輕看工作態度，一個員工若可以接受他人意見、勇於改善自己的不足（別害怕向其他同事請教，又或是具有快速查找資訊的能力），又能夠保持謙卑，對其他同事，以至整個工作環境來說，都會帶來積極的影響。

III. 上司支援（如可行）

上司經驗豐富，有能力和責任為下屬提供有利工作的環境，亦要了解自己甚麼時候需要支援同事，譬如留意到未能完全跟上進度的員工，可以為他們提供以往的解難經驗及方法，並協助培養他們處理不同任務的能力。「問題解決模式」處理能夠降低員工的無助感，當有需要時，上司可以提供合理幫助和足夠資源（例如培訓、發展階梯、工作回饋等），增加員工掌控感，並提升他們的工作表現。

作為上司除了注意個別下屬的需要外，一個良好的工作環境

也可對所有同事的工作表現帶來顯著幫助。當員工感覺到自己能夠處理自己手頭上的工作，又能從中學習（具掌控感），便會充滿動力，積極提升表現和效率，帶動工作氣氛！而能夠幫助同事增加掌控感的其中一個因素，是讓各人都能夠真實地展現自己的實力／長處，並有機會學習和提升自己的不足，在工作上和能力上均有所成長。

所以，上司不僅要支援下屬，更要學習「放手」，容許下屬在合理範圍內為其手頭工作下決定，這是其中一個幫助同事積極面對工作，建立信心的方法，有助在工作中營造一個包容、互相接納、共同支持大家成長的氣氛。

5.3
夢想中的烏托邦

　　進入營銷行業，以為可以好好運用 Marketing 的營銷策略，將計劃概念化，用推廣計劃幫助客戶提升業績，但是到頭來也只是倒倒咖啡、買買外賣、不斷影印文件過日子⋯⋯

　　成為老師後，希望可以集中更多時間在課堂上，幫助學生掌握知識，可是又無可避免地需要花很多時間處理行政工作⋯⋯

　　懷着一腔熱情進入社工行業，卻看到很多不能輕易改變的「大環境」問題，忙是忙，卻改變不了甚麼⋯⋯

　　「這真的是我想做的嗎？」「這些日子會完嗎？」你可能會這樣問自己。

每天打一百個電話，處理前任同事遺留下來的「蘇州屎」。滿腔熱情早已經變成上班下班、領薪水的日子。

是真的，夢想歸夢想，現實歸現實，哪有甚麼改變世界，都只是美好的幻想而已。

有時候，真的會覺得自己不過是一個「打雜」，很忙很忙，但是又不知道是為了甚麼而忙。無奈、無助，想放棄、想逃避……通通都跑出來了。

然而，我們都明白，現實就是自己得繼續留在這個崗位，持續埋首於工作中，直到累得半死，要休息了，才發現自己的腦袋還是充斥着各種跟工作有關的想法。是埋怨？是不安？或是理想和現實的落差？除了無力，還有失望。

回想投身職場前，有很多事情想做。但到了需要應付高出正常工作量很多倍的事情時，根本無暇應付其他東西。剛開始的熱情減退，剩下的只是對制度的不滿，以及對各種問題的無力。因為我們都知道，自己用盡全力也無法改變「大環境」的這個事實。

失望和無奈，源於看到自己的渺小和無力。

原本胸懷大志，想在職場上發揮自己的優勢，將學到的知識應用於工作上。可是，無奈現實始終不是理想，實際要做的事情夾雜着大量林林總總瑣碎事情，好像根本無法完全專注，然後又發現各行各業都有不同的辛酸，以及無數由規章制度引起的現象……

如何突破「牛角尖」？

面對理想和現實的落差，有一些人選擇無奈接受，安於現狀；有些人卻如坐針氈，非走不可。無論你是哪一樣，內心大概也經歷過一輪掙扎反思：自己的角色究竟是甚麼？這是自己想做的事情嗎？這個崗位是不是真的還需要「我」？如何可以突出重圍，走出困局？我們可以試試以下方法：

I. 學習「活在當下」

對於一些很擅長計劃、想取得控制權的人來説，很多時候都會花很多時間思考未來的事情，令自己可以預早進行準備。適當的計劃固然是好，可是，現代人通常會陷入「過度控制」的陷阱，無法「活在當下」。這裏説的「活在當下」不同於及時行樂的心態，「活在當下」説的是對於此時此刻的自己，有一份覺察留意。

當我們過度集中在自己的過去與未來，很容易就會忽略「現在」的自己，忘記了此時此刻的自己究竟在做甚麼。舉例子或許會容易明白一點，當你看這本書的時候，你有留意到自己在看書嗎？還是思緒早已飄到了其他職場的小劇場？後者就不是「活在當下」了。

是不是發現自己好像很多時候都不能做到「活在當下」？那麼，靜觀練習可以幫到你！

靜觀，就是靜靜觀察的意思。以「觀察」、「好奇」的心態覺察生活，留意自己的情緒、感覺而「不加批判」。可以試試從身體開始——看到的、聽到的、嗅到的、觸碰到的。此時此刻的

你，身體感覺到甚麼？（詳情可參閱附錄〈情緒急救站〉）。

II. 積跬步　致千里

具體實際的行動和能掌握得到的東西，會讓我們得到安全感。我們可以利用小目標及小行動來讓自己更貼近想要的大目標，設定目標的方法可以參考本書〈1.3　人冇夢想就像一條鹹魚〉中提及的 SMART 目標行動。而在這一節，我們會繼續找一些事情來做，讓自己踏實一點。

時間規劃是行動實踐中重要的一環，有時候，當我們看不見自己的目標（或「理想生活」），可能會缺乏行動的力量，容易變成拖延。心理對照（Mental Contrasting）就是一個令我們認清自己目標的方法。

首先，我們可以試試幻想一個理想的生活，然後對比一下現在的生活跟幻想中的生活有何不同，再思考有甚麼障礙令你無法向着理想生活進發，再分析現在的自己可以做甚麼，才會令自己更貼近理想生活。透過現實和幻想的對比，我們可以釐清自己的長遠目標，再進行 SMART 目標行動，讓自己知道下一步需要做甚麼。

舉例說，你的理想是自己在一次考核中拿得好成績的樣子；你便知道自己需要一個溫習的地方。這時你看到自己的桌面凌亂，就會知道自己第一件可以做的事，就是收拾好桌面。

理想生活的畫面，可以幫助我們好好地規劃每天的工作，訓練自己有秩序地完成不同的任務，增強自己面對及處理龐大工作量的能耐。透過有效規劃，你也可以思考自己如何做得更好，逐

步走近自己的目標。即使面對沉重、單調，看似沒太大意義的工作，我們也可以從中找到價值和意義（為的是理想生活）。

　　此外，嘗試留意小任務中的學習。例如影印文件，可以是一個參考上司／同事的文件格式、用字的好機會；輸入數據，可以是學習分析市場走勢，了解客戶需要的機會。這樣下來，你覺得小任務對於邁向自己的理想生活有沒有幫助？

5.4

無力再奮鬥下去

　　為了考上專業資格，我從大學時期便開始策劃自己將來的路。我努力考取優秀的成績，力求進入業界首屈一指的公司工作，為自己的鴻圖大業鋪路。離開校園之後，衝勁依然存在，每逢有機會嘗試一些新項目，或者遇到一些我未接觸過的範疇時，我總會主動把握每個機會，踏出自己的舒適區，勇於迎接挑戰。

　　很多人都問我，到底我的時間是從哪裏來？

　　我為了爭取更多學習經驗，裝備好自己，我把下班後的時間都塞得滿滿的，包括修讀額外的課程增強知識基礎，參加不少工作以外的活動冀提升個人見識。

我費盡心神，就是為了達到目標。然而，努力的同時亦感無力。思前想後，都不知道自己為了甚麼而努力，有時候更會反問自己：「會唔會我做嘅所有嘢，到最後都係無用？」

工作跟讀書不一樣，沒有成績表，也沒有分數參考，無法知道自己做得好還是不好。就算知道是好，又有多好呢？就如我無法知道報讀課程有沒有幫助？幫助有多大？是否值得我每天下班便趕去上課、放假時溫習、熬夜做功課讀書？

在旁人眼中，我積極上進，但長期下來我實在疲倦不堪，內心滿是掙扎疑問。

畢業三年多了，我多番努力後仍未能考取專業資格，職位也未見晉升，好像一直都只是在起步點……

沒有回報的努力

很多人都明白，努力不一定有回報。

當你付出愈多工夫和時間，即使知道成功不是必然，你的期望難免會愈高，內心也可能會愈發焦急。當期望的結果遲遲未出現，產生懷疑和掙扎也是人之常情。無論多麼堅定的人，都總會有一剎那遲疑。

即使有多努力，我們也無法控制最後成功與否……這是多麼無力的感覺！

Ashforth（1989）指出，當我們感到無力，其間會經歷三大心理調適階段：

i. 抵抗 （Reactance）	由於無法控制現況而感到困擾，所以會更努力嘗試，渴求重新獲取控制權。當事件愈難控制，在這個階段就會愈發出力抵抗。
ii. 無助 （Helplessness）	發現不論多麼努力都是徒勞無功，自己做甚麼都無法影響結果，因此放棄。
iii. 疏遠工作 （Work Alienation）	不再追求多於現狀的回報。將自己和工作的距離拉開，換句話說，就是不再那麼在意和全力投入工作。

認知失調理論（Cognitive Dissonance Theory; Festinger, 1962）認為，當人有兩個自相矛盾的想法同時出現時，內心會產生強烈的不安。為了解決這份不安感，人會不自覺地改變自己的思想和行為，降低期望來配合現況。在這個情境下，自相矛盾的想法是：

- 我相信不斷努力工作和進修，終會達到目標；

- 我做了這麼多事情都沒有任何進展，我真是糟糕。

- 最後衍生新的想法：我不用這麼努力了，反正也不會有甚麼改變。試試就可以，沒有期望便沒有失望。

當我們的想法不同了，行為亦會隨之改變，例如減少報讀進修課程和不再挑戰新工作。

在合理的範圍內努力

努力卻沒有回報，有時源於我們的目標太遙遠，是不可能的任務，因而換來失落、失望和挫敗感，令自己更加無力。例如有人叫你徒手推開一塊數百公斤的大石，無論你多麼有拼勁，多麼用力嘗試，巨石到最後還是紋風不動啊，很合理是吧？因為事情根本不在我們的能力範圍以內。

運用在第一章也提過的 SMART（Doran, 1981）技巧變體[1]，

1　在第一章的 SMART Goal 中，「R」是相關性（Relevant），本節則變為實際（Realistic）。

為自己訂立合理可行的目標，增加對事情的控制感，減少體驗無力感的機會。研究顯示，在職場使用此技巧有助減少壓力，提升工作表現（Weintraub, Cassell & DePatie, 2021）。

- 具體（Specific）：事實是具體切實，有目標性的；

- 可衡量（Measurable）：有方法去量度和衡量成功達成目標與否，例如數字；

- 可達成（Achievable）：目標是可以實現而非天馬行空的；

- 實際（Realistic）：有實際能力確實達到目標；

- 有時限（Time-based）：設立結束日期，或定期進行。

你還在苦惱於自己做的事情好像永遠沒用？原來只要調整目標和心態，你就會發現自己其實已經很努力，很值得欣賞！

5.5
無路可走

當年大學畢業後，我就到了附近一所學校當教師，一當就當了二十多年，從來都沒有試過換工作。

也許時間會消磨人的熱誠，又或許時間會令人看清楚自己真正想要的是甚麼。我發現自己對於教育的熱誠逐漸消退，衝勁早已不如以往。每天上班授課只是為了維持生計，工作都不用特別用心，做到剛剛好就好。

日子重複又沉悶，我懷念以往年輕的日子。我曾經十分喜歡攝影，會通宵達旦鑽研攝影技巧。當年亦曾經考慮過將興趣發展為事業，成為一名專業的攝影師，不過因為家人反對，再加上自

己也很清楚知道現實的殘酷，擔心攝影師的收入無法支撐生活。深思熟慮後，最終選擇投身穩妥的教職。

我以為自己不會為此而後悔。

直到近來，偶爾看到舊朋友多姿多彩的生活，甚至成功達成夢想，內心總感到羨慕，不禁想：「如果當初我有入行，而家我可能就會同佢哋一樣，做緊自己鍾意做嘅嘢。」

現在已經無法回頭了，畢竟我已經不再年輕，也需要賺取收入照顧家庭。要突然拋下做了二十多年的工作是不可能的。即使內心多麼渴望再度追夢，自己也很清楚現實的限制，唯有嘗試說服和催眠自己──

「我而家都唔錯吖。」

「我都幾鍾意呢份工呀。」

除了這樣，我已沒有甚麼可以做。

自己欺騙自己

早於 1954 年和 1956 年，Janis 和 King 的研究發現，當人的外顯行為（Overt Behavior）與內心想法自相矛盾時，人們會調整甚至改變內心的想法去配合行為。這些研究造就了上一節提到的認知失調理論。就上文的情境為例：

- 外顯行為：多年來一直在做同一份工作（留在同一個崗位）。

- 內心想法：我不享受這份工作。

表裏不一時，你會覺得不自在，有時候更會有衝動想將兩者變為一致。無法改變工作，就唯有催眠自己很喜歡這份工作，也許會讓自己感到好過一點⋯⋯

無力，是因為沒有能力或條件去改變現況。自己不再年輕，已經沒有足夠的本錢和衝勁去追夢。況且追夢的成本也太高，心理和實際上負擔不來，只好思前想後又卻步。

是否年紀愈大，思想和行為都會愈變得保守？

隨着年紀的增長，我們各方面都會有不同的改變，包括身體、心理、認知功能、人生經驗等等。研究指出（Peterson, Smith & Hibbing, 2020)，隨着人的年紀漸大，思想上會變得：

- 更加自律、盡責；
- 比較喜歡秩序；
- 偏向避開具不確定的事物。

哦！所以年紀大了，要追夢很不容易！

如何回到追夢時？

我們無法逆轉年紀，亦可能無法改變現在的工作。但又是否甚麼都做不到呢？

不是！

即使有限制，我們仍然有辦法走出屬於自己的路。

心理學家 Baltes 和 Smith（1990）提出的「選擇、最適化與補償」模式，包含選擇（Selection）、最適化（Optimization）和補償（Compensation），簡稱 SOC，主要應用於年紀較人的朋友身上，令長者有彈性地靈活適應衰老帶來的挑戰。此模式相信，長者們即使有各方面的限制，都有能力和方法去維持生活的質素，絕非「老了就甚麼都做不到」。SOC 的定義：

- 選擇：因應實際狀況而選擇合理可行的目標；

- 最適化：利用自己現有的能力和資源，盡力達成目標；

- 補償：利用外在環境或工具來補償已失去的功能，協助自己達成目標。

雖然我們不是長者，但 SOC 的概念也十分值得參考。一同動動腦筋，將不可能變成可能。

我們可以試試向自己提出以下問題，從事情的意義出發，探索更多的可能性：

i. 尋找事情對你的意義

- 對你來說，這件事的價值或意義何在？（可回顧年輕時的日子，有助代入思考）

- 為甚麼你會想做這件事？

ii. 找出能夠接觸這份意義的另外途徑

- 有甚麼其他方法或途徑可以令自己同樣感受到這份價值或意義？

- 這些方法合理和可行嗎？

本節故事中的主角，又可以怎樣運用 SOC 來尋找自己的可能性？

選擇	
最適化	
補償	

5.6

夢想不可以當飯吃

　　有些人的夢想是成為藝術家,將自己內心的感受,透過作品呈現出來。

　　有些人的夢想是成為飛機師,在一大片雲海之中翱翔。

　　有些人的夢想是成為運動員,以雙腳跑出最佳狀態,不斷挑戰自己。

　　人們常說:「追夢,就要趁年輕。」對於大部分人來說,青少年時期較少實際生活負擔,能夠更加無拘無束地做自己想做的事情,嘗試新鮮的事物,發掘自己的興趣和方向。

　　我很喜歡畫漫畫和寫故事,一直以來都希望成為一位扎根本

地的漫畫家。最近，我終於鼓起勇氣向父母說出這個想法。當父母聽到子女要發展藝術方面的事業時，他們有可能會說出以下幾種話：

i. 不想直接擊沉你：「你諗清楚未呀？不如再仔細啲諗吓先啦……」

ii. 告誡你要為未來着想：「你聽阿爸講，讀多啲書打份好工，到時候你一定唔會後悔。」

iii. 貶低這個職業對你的意義：「畫漫畫？邊搵到食，當興趣玩吓就得。」

註：以上的語句不代表所有家長，也有不少父母會無條件地支持子女追夢。

理性上明白父母都是心疼自己，可是當自己真的從雙親口中聽到這些話時，內心依然難免受傷，好像連至親都不支持自己做喜歡的事。

其實，我又何嘗不知道追夢的成本有多高呢⋯⋯

我的內心天天在十分掙扎，很擔心一旦追夢失敗就會浪費光陰和努力。再者，即使我多麼努力，追夢成功與否都是未知之數。我無法要求別人因為我有多努力、花了多少時間，而喜歡我的作品，可是我必須要努力，才有機會讓人看到我的創作⋯⋯

這種對未來的不確定性，令人感到很不安，好像很多事情也無法控制，自己也不知如何是好。

控制不到？

對於選擇職業猶豫不決，是因為這個決定事關重大，影響深遠。

心理學研究發現，悲觀消極的人特別容易對選擇職業猶豫不決（Saka, Gati & Kelly, 2008）。而悲觀可以分為三部分：世界觀、控制觀（Locus of Control）、自我決策的效能。而當中最受學者們關注的是控制觀，因為它影響着我們如何看待世界（世界觀）和看待自己（自我效能）。

控制觀理論由 Julian Bernard Rotter 提出，用作解釋我們對事件因果關係的理解（Rotter, 1966）。控制分為兩大類：

i. **內部控制（Internal Locus of Control）：** 有人傾向將事

情歸因於自己，認為成敗得失都取決於自己，受內在因素所影響，例如能力、技巧、努力等。他們會為了達到理想的結果而努力，主動地採取行動。

ii. **外部控制（External Locus of Control）：** 有人傾向將事情歸因於外在因素，例如運氣、機會、命運等。認為事情的結果無法由自己控制，覺得自己做甚麼都不會影響到結果，容易覺得「我不想努力了」，面對挑戰和困難時相對上較為被動，亦更容易放棄。

當然，內部和外部控制只是傾向，人是靈活的，在不同的環境，面對不同的挑戰，會自我調節內控和外控傾向。不過，有研究指出，外控的傾向與猶豫不決互相關聯。這很合理吧，當我們認為事情不在我們的控制範圍（外在因素），自然很不容易決定下一步。職場上的你，也是這樣嗎？

試咗唔一定得，
但你唔試
就一定唔得！

但我願試！

沒錯，有很多事情我們都無法控制，但也不能否定我們自身的能力和不斷努力所帶來的改變。也許結果不如理想，甚至完全偏離軌道，但過程中的成長和得着，全部是由自己主動努力爭取而得來的。

夢也許永遠都只是在追，一直都到不了終點。

連續訓練了幾個月的跑手在賽前受傷，在比賽當天成績未如理想，另一位完全沒有練習的跑手，卻跑出一樣的成績。你會認為兩者沒有分別嗎？不會吧。結果只是一刹那，並不能夠代表背後的辛酸、鍛鍊出來的技巧，以及當中的學習和成長。

我們無法控制結果，但我們能夠控制自己如何理解事情，如何應對挑戰。

夢想充滿着未知，但我們斷不能未審先判、未做先知，先從自己能付出、能負擔的動起來，看自己能走多遠，能取得多少進步。

5.7

要做一個有膊頭的上司？

雖說有很多人期望自己能夠升上較高的職位，這樣才能得到更多報酬。可是，大家亦知道，做一家機構或公司的中上層人員是多麼吃力不討好。身為上司就要顧全大局，對下，協助每位同事發揮所長，幫助大家互相配合。對上，要向上級報告，有問題就是你管理不善，沒有注意事情細節，導致這些錯誤。

遇到好同事、好下屬，當然最好。若遇到一些根本無心合作的下屬，的確是充滿無奈，遇着一些不能隨便解僱的崗位，變相要「硬食」下屬拋過來的球——不合作、無法準時遞交文件、忘東忘西、耍賴。更甚的是，如果下屬不斷犯錯，最後亦要自己負責，那種感覺是如此無力，怎樣都找不到方法解決。

無力感，亦源於自己沒有權力改變現狀。

夾在中間的管理者，有責任好好管理並訓練下屬。然而上司不等於老闆，不能控制和改變甚麼，只可盡力完成自己的份內事，有效地監察大家工作便算很不錯了。有時候也想幫下屬進步，但無奈地對方往往會不明白、不領情、不受教！

「兩面不是人」的感覺，讓上司們跌入無力的深淵。究竟自己是否勝任這個職位？

管理，從來都不容易。成功的管理人員需要擁有多方面的能力和能耐，既要知道下屬需要，又要理解上層要求，更要明白如何平衡兩者。此外，還要兼顧其他多方面的因素，包括職場動態、公司發展方向、人事架構等。真夠挑戰性！夠複雜！

除了無力感之外，可能還伴隨孤獨、孤單的感覺。這種孤單感來自一個想法——「沒有人明白自己的壓力」。上司們背負着眾人的期望而努力，但下屬未必明白，也看不到上司的用心。有些上司甚至會覺得自己跟團隊格格不入。

究竟怎樣才可以做一個稱職的上司？

共鳴型領導

有研究指「共鳴型領導」能夠有效促進團隊的構通合作。甚麼是「共鳴型領導」？簡單來說，就是下屬感覺自己和上司處於同一陣線，槍口一致對外。當一個團隊為着共同的目標努力，有着一致的理念，我們爭取的就不再是個人利益，而是團隊的成長和進步！大家士氣高昂，動力大大提升，彼此間的溝通合作就更

得心應手，工作時也更有效率。

這可是有根據的，關於腦部神經系統的研究發現，當上司是「共鳴型領導」時，下屬腦部中能夠幫助同理以及模仿的系統會更加活躍；反之，如果上司未能與下屬產生共鳴，下屬腦部的這些部分就會被壓抑。同時，當上司太過着重問題本身，或持續地以外間威脅作為主要話題，甚至貶低其他人時，下屬腦部中的另一部分──簡稱「分析腦」──就會活躍起來，連帶壓力系統也會被激活，下屬就會不期然地開啟防禦系統。防禦系統啟動了，下屬自然對上司有所警惕保留，上司無法理解下屬內心的想法，更可能會導致雙方之間的溝通鴻溝擴大。彼此溝通出現問題，工作起上來自然阻礙多多。

那麼，如何可以做一個「共鳴型領導」？以下是可以考慮的方法：

- 展示善意，從下屬的立場了解他們的困難和限制；
- 針對個別下屬的特質，培養能力；
- 理解下屬的困難，以引導代替批評；
- 着重增加下屬的動力和內在動機。

jim3　　　　　wu3

jim3 wu3

【釋義】極度的反感或不喜歡。

【近義詞】

討厭：令人厭煩、不喜歡。

厭煩：厭惡、不耐煩。

憎惡：憎恨厭惡。

參考資料：《國語辭典簡編本》第三版

6.1
浮誇的演技大師

Daisy 是公司中的極品馬屁精。

她對着上司 Sam 的時候總是恭敬如賓，尤其積極。偶爾更會七情上面，用最誇張的視后級演技來回應上司的每字每句。

「早晨阿 Sam，尋日你交畀我嗰份嘢搞掂，放咗喺你檯面，仲有啲咩畀我跟呀？」

「Oh my god！阿 Sam 你個構思真係好好！我相信大家都會同意！」

「哈哈，唔使多謝我！多得阿 Sam 你畀機會我，我先可以學到咁多嘢咋！」

　　但當 Daisy 對着其他同級或比她低級的同事時，她的廬山真面目就會原形畢露⋯⋯

　　基本上，她不會稱呼任何比她低級的同事。試過有人多次告訴她自己的名字，她卻以「誒，有咩所謂呀」回應別人（最可惡的是，明明有所謂的人不是她）。然後繼續每次都會用「喂」、「呀邊個邊個」去使喚別人，連最基本的禮貌和尊重都欠奉。

　　「吓，點解我要幫你手？你自己做番啦。」除了上司所分配的工作外，Daisy 便絕不會做任何額外工作。因為她要將所有時間和心思都用來取悅上司。在她眼中，上司以外的其他同事全是低等生物，不值得花上任何時間和精力。

　　Daisy 總是擺出一副高高在上的嘴臉，以自己深得上司寵愛而驕傲自滿。雖然大家背地裏都視她為笑柄，但都得忌她三分，怕她在上司面前説自己的壞話。

我才看不起你

對於 Daisy 的唯一正面觀感，就是佩服她能夠坦蕩蕩，毫不介意所有同事看到她的雙面人言行。除此以外，我對她的感覺都只有厭惡。如果沒有必要，我不會想跟她有任何互動。

每逢聽到她討好上司的浮誇說話，或者見到她又再掛上那副虛偽的面具，內心就會覺得噁心想吐，禁不住用力翻個白眼。

遇到自己反感的事物時，覺得厭惡是自然不過的。但為甚麼我們會有這種感覺呢？

厭惡源頭可以有三種，分別是：具傳染性的微生物、危險的性伴侶、干犯道德規範（Tybur, Lieberman & Griskevicius, 2009）。上述情境中，對 Daisy 感到厭惡是源於其言行（拍馬屁，不尊重其他人），不符合社會中的一般道德規範。

而最令人厭惡的是，Daisy 完全不覺得自己有問題。

厭惡能激發我們避免重複 Daisy 的行為，避開不符合道德規範的人，保護自己免受傷害，維持社會的秩序（Tybur, Lieberman & Griskevicius, 2009）。

因此，厭惡的同時，本能上也會想避開 Daisy。

底線由我守

既然厭惡是自然而生的情感，我們都容許和尊重自己對 Daisy 抱有厭惡的感覺，亦不用強迫自己去面對她。一般情況下，如果在遠處看到她，藉故避開應該沒有甚麼太大的問題。

不過，身處於同一個工作環境中，有時候也身不由己，少不免跟她接觸溝通。如何忍耐厭惡，恰如其分地工作，可是一件相當考驗耐性和自制力的事。

　　我們應該怎麼辦呢？

　　籃球員作賽時，會經常留意自己的狀態，感到不適，就主動要求離場稍作休息。想像自己也是一名在作賽的籃球員，當你留意到自己開始心跳加速、拳頭緊握、思想混亂，就千萬不要勉強自己，馬上為自己安排一個休息時間，如去洗手間洗個臉，暫時離開現場。為了更有效地分辨我們當刻的情緒強度，可參考本書附錄〈情緒急救站〉第一部分的「情緒溫度計」。

6.2
講就天下無敵

「你識唔識 XXX？佢而家自己出咗嚟開公司。以前佢都係跟我學嘢咋。」

「我喺前公司入面做過團隊主管，帶住三四十人做嘢。不過因為年紀愈嚟愈大，唔想咁辛苦，所以先退咗落嚟咋。」

「所以，你有乜唔識都可以問我，呢一行嘅嘢我熟晒咁滯。」

起初新入職的時候，Wilson 對我說過以上這些說話。當時十分敬佩他，雖然他的職位不高，但深深感受到他資歷豐富、見識廣博的氣場。我心裏暗暗地想：真好！日後如果有任何事情不懂的話，可以跑去請教他。

後來有幾次我想問 Wilson 工作上的問題時，他都用不同的

藉口或方法推搪。例如「我正在忙別的東西，你先問其他人」或「這個問題你要自己諗諗啊」。我開始覺得他有點怪怪的。

慢慢跟其他同事熟絡後，才發現 Wilson 原來一直以來都只是在吹牛，説的話沒半句真。我向他請教時，他不是碰巧沒有時間回答，而是根本不懂得答。以前的威水史，全是他自己編造的謊言。此後每逢聽到他自吹自擂，興高采烈地分享自己所謂的戰績時，我就想立刻離開。我的時間可是十分很寶貴的，不想虛耗光陰去聽他説一大堆廢話。

之後我試過與 Wilson 合作做一份計劃書，才發現他的工作能力極低，唯一擅長的技能或許就只有吹牛。他連最基本的工作都處理不好，就連我這個剛入行一年的新人都比他稱職。我對他的印象自此直插谷底⋯⋯

沒意思的謊言

本以為對方是一個可靠的人，並全心全意地相信他。後來知道自己受騙，感覺固然不好受，既憤怒，又失望。

原來他的一切都只是謊言和偽裝。

當自己看見他繼續用這個方式去矇騙別人，目的就只是為了滿足他那弱小的自尊心時，內心漸漸產生厭惡感。有時看不過眼，真的很想插嘴，要求他為「精彩故事」提供證據，然後看他狼狼的樣子。不過，其實自己絕大部分時間都只想避開他，因為不想再聽到他多説一句話，免得浪費自己多一秒的時間。

就好像我們在路邊看到嘔吐物時，不由得捏住鼻子和擺上厭

惡表情，更會嘗試繞路避開，務求減少自己與不淨之物的接觸。厭惡的感覺就是如此。就如上一節說過，當對方的所作所為不符合道德規範，我們會對此產生厭惡感，並減少與對方的接觸。

再見吹牛怪

I. 不給反應，就是最好的反應

愈是理會吹牛的人，給他愈多的反應，他就只會説得愈高興。背後的原理可引申至行為修正法。若想減少問題行為，必須要確保該行為沒有得到任何獎勵。猜猜對於 Wilson 來説，吹牛的獎勵是甚麼？

就是大家的注意力。

所以，每當他想對你説吹噓自己的威水史，請立刻轉移自己的注意力，找別的事做！當他一次又一次發現找你分享自己的「成就」，你都表現得毫無興趣，他就會感到沒趣，找別的聽眾。

II. 當笑話一則

雖然吹牛絕不是一個好行為，但其實亦沒有傷害到別人。實際上，吹牛怪傷害得最多的，可能是自己在別人心目中的形象。大家都對他撒謊的行為產生了壞印象，不再信任他，甚至視他為笑柄。

因此，不用太認真對待吹牛怪説的話，當作笑話一則即可，這樣自己自然會更輕鬆好過。

6.3
「世界仔」靠關係上位

「識人好過識字」，這是「世界仔」阿軒的口頭禪。

阿軒覺得人脈、關係是致勝關鍵，其他事情都無關痛癢，可以拋諸腦後。他會花盡心思維繫不同的關係，同時也會不斷參加各種聚會，以便認識新朋友、建立和擴闊社交圈子。只要你想得出的行業，他都有相關人脈，包括醫生、律師、廚師等，通通難不倒他。

除此之外，阿軒待人接物上堪稱面面俱圓，又懂得人情世故。他說的每句話都必定不會得罪人，有時更能加以奉承，令對方感覺良好，樂意繼續交談。

廣東話教室

sai3　gaai3　zai2

世界仔（名詞）

廣東話俗語。意思是懂得人
情世故、待人接物圓滑和擅
長交際的人。

　　平常跟阿軒不深交，倒沒有甚麼大問題，但在職場上遇到這
種人真的會很麻煩。每次在公司見到阿軒，他總是忙着做其眼中
覺得「最重要」的事，完全無視手頭上的一大堆工作。跟上司同
事打好關係固然重要，但也得先做好自己的工作吧。

　　「Sorry 呀，我知自己衰仔。呢排辛苦你喇，你點都要畀我請
番你食飯！」

　　即使多次跟阿軒直說要先做好本份工作，他總能用各種方法
安撫你，最終令你心服口服，無話可說。結果是跟他合作的人，
很多時候都需要一人做兩人份的工作。有人心甘情願，但也有人
因而忙到通宵達旦。我作為旁觀者實在是看不順眼。

　　其中最令我不忿的，是看到其他十分努力實幹的人，職場上

的發展和晉升都不及阿軒這個「世界仔」好，我實在不屑他的處事模式。

但偏偏世界就是這麼不公平。

厭惡感你我有別

「世界仔」既不是運用誇張的演技去討好別人，亦不會透過吹牛去騙取他人注意。若要比較起來，「世界仔」可算是辦公室「最強 BOSS」之一。他為人圓滑，絕不會直接得罪或冒犯任何人，說話雖然帶點虛偽，但又點到即止，不會太過分。

當「世界仔」靠着跟老闆輕輕鬆鬆去打高爾夫球就升職加薪，另一位同事埋頭苦幹卻徒勞無功時，你會有何感受？可能有人會替努力實幹的人不值，不屑「世界仔」靠旁門左道上位，對其行為感到極其鄙視厭惡；也有人覺得「世界仔」的做法沒有甚麼問題，是識時務的「俊傑」。

這可歸因於每個人的厭惡敏感度不同。

Druschel 及 Sherman（1999）的研究指出，五因素性格特質模型（Big Five Personality Model）中的經驗開放性（Openness to Experience）和情緒不穩定性（Neuroticism），與厭惡敏感度有關聯。低經驗開放性的人較少冒險，也對新事物沒太大的好奇心，對厭惡的敏感度不高；而高情緒不穩定性的人則更容易感受到令自己不舒服的情緒，包括厭惡，所以對厭惡的敏感度也較高。

人人對同一事物的感受不同，或者是因為大家的性格特質有別。

遠離「世界仔」的世界

若你對於「世界仔」同樣感到厭惡和不屑，不妨試試以下方法：

I. 保持適當社交距離

「世界仔」比大部分人都更懂得察言觀色。若你明確地表現出不喜歡與他交流，他可能會更用力地討好你，令你倍感煩厭。面面俱圓的他是無法接受有人不喜歡他的喔！因此，保持一定的社交距離，不遠又不近，對雙方都好。

II. 沒樹洞也可放鬆

在辦公室中，「世界仔」的人緣通常都不錯，在不知道其他同事的想法和感受的情況下，在公司中要找到同道中人分享感受，似乎不是一件容易的事。不過，困擾和厭惡來襲，除了找人傾訴，也可以選擇運用本書的附錄〈情緒急救站〉中的技巧，暫時為自己的情緒找個出口。

6.4
職場老油條的魔咒

　　好像每一個辦公室都有這樣的一種人，他在公司工作很多年，極富經驗，對公司的大小事情都瞭如指掌。同時，也愛對其他人指指點點，擺出一副「他總是對」的樣子去評論別人、更正別人。更糟的是，他經常裝作幽默地嘲笑同事或階級較低的下屬；但是他與高層關係也不是特別好，只是高層無法輕易解僱這種「老臣子」而已。

　　所有同事都無一倖免地被他評價過，每天上班都會聽見他埋怨別人的話，還講得特別大聲，整個辦公室都是他「刷存在感」的痕跡。而你，可能也跟其他同事一樣，不喜歡與這個「老臣子」共處，甚至會避開他。你亦感覺到他其實是在混飯吃。雖然知道

這個人根本沒有內涵，但他始終「食鹽多過你食米」，對方的話可能會無形中令你感到難堪，甚至有機會令你質疑自己。無論他説的話是否真的戳中你的痛點，在工作場所中，總會有這麼一些人在工作上對你作出評價，動搖你的自尊心。

職場「Old Seafood」（老油條），或許可以激起我們對於「自尊心」這個課題的反思。

自尊心是一個很常被提到的心理學主題。

自尊心低落的人，容易被其他人的評價或説話影響自己對自己的看法，甚至會因此令自己的弱小心靈受到傷害。大多數的人都期望可以提升自尊心，也羨慕那些很有自信、很會表達自己的人。

但自尊心高也不見得是好，例如很多人會因自尊心過高而惹人討厭。

超越自尊　接納自己

那我們究竟應否追求「高自尊」？

答案是「否」，因為身心健康的重點不在於自尊高或低，而是我們以甚麼心態對待自己。近年有關心理健康的心理學研究文獻，亦趨向以「接納」並且「不盲目追求」的方向來對待自己，其概念可通過以下的簡單遊戲來解釋──

請在心裏朗讀出以下句子（Harris, 2008）：

- 我是一個人。

- 我是一個有價值的人。

- 我是一個可愛、有價值的人。

- 我是一個可愛、有能力的、有價值的人。

- 我是一個完美、可愛、很好、有價值的人。

你有發現嗎？當你嘗試稱讚自己的時候，也在說服自己「自己是好」的時候，會自動引來一堆相反的想法。

這個小遊戲，其實跟我們平時習慣幫助自己提升自尊的時候所用的方法相差無幾——就是以自我對話的方式提示或說服自己「我也不差呀！」「會做這件事的我很好！」而當我們愈努力尋找證據說服自己、證明自己，就會引來同樣強烈的批評想法。這樣的糾結，內心的天使與魔鬼沒完沒了地爭辯，只會令自己疲於奔命。

因此，提升自尊似乎不是一個改善身心健康的好方法。或者，一個更容易自處的方法，是不再花力氣去證明自己，不再糾結於是否相信自己，而是學習接納自己就是現在這樣，並思考如何走往後的路。無論自己的自尊是高是低，它都不會影響你怎樣活出自己想要、有價值的人生。

與其批評自己，我們要學習的是「觀察」自己。每當腦海中浮現出一些自我批評的想法，我們就得提醒自己，不要走進那個無止境的爭辯。此刻我們需要的，只是觀察自己的感覺和想法。

訓練「觀察的自我」的簡短練習[1]：

- 闔上雙眼 10 秒鐘，留意你聽到的聲音。

- 再次闔上雙眼 10 秒鐘，並再次留意你聽到的聲音，但這次請同時觀察你自己正在留意那些聲音。

- 接下來的 10 秒鐘，繼續將注意力放在你的感官上，像是嗅到的味道、嘴巴裏的味道、皮膚的感覺等。每一個部分都仔細留意。

- 請同時觀察自己正在留意自己留意那些感官。

- 然後，請用同樣的方法去觀察自己的想法。大概用 10 秒鐘，有任何想法跳出來的時候，嘗試以觀察的角度去「看」那些想法，不加任何意見和批評。

- 在 10 秒鐘過後，將注意力放在你的手，嘗試動一下手指，觀察自己的手和手指的動作是怎樣的。

- 跟着，我們再次用 10 秒鐘留意自己腦海中的想法。

- 最後，嘗試留意自己正在留意自己的想法。

若能夠以純粹觀察的態度去對待自己乃至任何事情，我們會更容易聚焦於自己此時此刻正在做的事情，而非不斷在想法中打轉，亦不再那麼容易轉牛角尖。當我們學會不再對自己有那麼多批評、不再要求自己「我應該怎樣怎樣」，我們便會開始慢慢地接納自己，建立有價值、有意義的人生。

1　此為簡化版本，詳細版本見於本節的參考文獻。

6.5 高薪低能「致敏原」

　　職場每一處總有人是只懂說、不懂做。而最討人厭的，想必是一些明明最高薪、最有權力的，但竟然甚麼都不懂做的人。他們習慣將事情拋給下屬，甚至是一些應該由他們負責的工作，也無理地分派給下屬。他們有時可能會包裝得好一點，嘴上說是「信任你」；可是更多情況是，他們只是直接加重你的工作量，除了令他們本人舒服一點之外，根本對整件事情沒有好處，你也不覺得有甚麼得益（例如藉着工作學習新的技能、知識等）。更甚的是，這些人往往不會保護下屬，只會選擇在大功告成的時候出來領功。

　　而你作為下屬根本無法說甚麼，除了幻想自己有一天能夠

無用高層 starter pack

「我早說了！
為甚麼你一開始
不這樣做？」

「你有出糧，
你就應該去做！」

「有事就下屬錯，
有功就歸自己」

馬後炮

卸膊

很會裝

拿到他那麼高的薪水以外，甚麼都做不到，只能硬生生地接下工作。

每天看着這個清閒的上司，再看看自己需要處理的大量工作，都令你想直接離開這間公司，但離職對你來說好像不是一個選項。你發現有很多東西在阻礙自己發展事業，當然，這個上司就是最大的阻力！然而，自己也被這個上司影響，好像變得有點神經質，也變得更敏感。

久而久之，可能你會發現自己在工作上會變得高度警覺，生怕上司又要為自己製造甚麼麻煩，下班後需要更多空間來充電，但同時又會想着工作的事情，或反覆審查着自己的表現。

近年，社會上很常討論一種人，叫作「高度敏感人」（簡稱高敏人）。很多人都可能曾經懷疑自己是否因為高度敏感而時常感到疲累。當然，篇幅所限，筆者在這裏無法提供一個足夠詳細

的解說。其實「高敏」只是一種特點或性格傾向，而外在情況，例如高壓的環境，也可以讓人變得警惕敏感。所以，這裏會集中討論當自己變得比平常敏感時，如何幫助自己「脫敏」。

高度敏感，讓事情變成苦差

或許有些人會覺得「為甚麼要那麼認真呢？這只是一份工作。」但對於認真專注的人來說，找到工作的意義才能讓他們有足夠動力繼續下去。那些意義可能來自工作上的挑戰、工作與自身價值認同的聯繫、豐富多彩的人際關係、能夠幫助別人等等。

可惜，很多時候我們都逃不過工作中一些重複、沉悶、沒意義的部分！這些「苦差」會令我們卡住了，難以前行。甚麼叫作「苦差」？我們可參考以下定義（Jaeger, 2004）：

- 工時很長；

- 無法得到別人的認可或欣賞；

- 長時間的通勤；

- 來自上司或同事的「情緒入侵」。例如他們對你做出一些不好的行為或是不友善的態度；

- 惡劣的工作環境。例如刺眼的光線、不舒服的溫度、缺乏私隱的座位位置；

- 對你的工作任務設下很多限制；

- 無法從工作獲得內在動力或獎賞；

- 沉悶、沒有挑戰性；

- 曾經在這份工作中有一些已經過去，但仍然在影響着你的創傷；

- 需要低聲卜氣；

- 工作已經無法為你帶來滿足感或樂趣，留下來只是因為忠誠；

- 在工作中無法獲得成就感和解脫感。

我們都明白這個世界並沒有一個完美的工作場所。而在香港，（無奈地）你正在工作的地方或多或少也會有一些上述的特徵。當然，如果能夠找到一份理想的工作會很好，但是，我們可能因着不同的苦衷，遲遲沒有離開這些工作環境，也不能改變甚麼。是的，甜的吃，苦的也得吃，我們總得為自己找一點方法「生存」下去。

重整個人界線　珍視本心

相信很多人都聽過一些讓我們可以「照顧自己」的方法，大致分為兩類：Self-Care Activities（自我照顧）和 Self-Soothing Activities（自我紓緩）。在日常生活中，只要我們能夠騰出一些時間給自己，這兩類方法都可改善我們的身心健康。Self-Soothing Activities 是一些能夠令你在當下感到舒適或開心的活動，例如看一場電影、吃一些好吃的食物……相信大家可以自行讓這個列表繼續延展下去。而 Self-Care Activities 是一些能夠滿足你身心靈需要的活動，例如適量運動、和朋友聊天、練習靜觀和設立個人界線（Personal Boundaries）等。

在職場裏，我們有時候會輕易地把自己的個人界線一退再退。將自己的努力、為工作的付出視作理所當然；加班、非辦公時間處理工作，彷彿成了常態。是的，我們安份守己，盡忠職守，但奴性令我們忽略了自己的身心健康，所以我們得學習設立健康的個人界線，知道有甚麼事或東西會令我們感到壓力大、焦慮，而刻意選擇不再讓它再傷害自己，清楚區分別人／自己、工作／生活的部分。以下一些想法是可以幫助我們設立個人界線的小建議：

- 我重視自己，相信自己的感覺和感受；

- 我尊重我的身體、感受和想法；

- 我需要聽見內心的聲音在告訴自己，我有一點不舒服的感覺。

這裏必須強調一個重點——你的感受十分重要！

學習聆聽自己的聲音、尊重自己的感受，是很重要的課題，不過這個課題很不容易，我們都在這個不短不長的人生不斷學習，但願我們可以一步一步找到自己與他人、生活與工作之間的平衡界線。

很多在職場打滾了一段時間的人可能都聽過類似的話。當你有意見跟上司說，或是提出跟其他人不同的想法時，有些人就會直接反駁你、批評你，你絲毫沒有被好好聆聽過。想起這些片段時，有沒有一種「想要反抗」的感覺？在那些時候，會不會刺激起你想反駁對方和維護自己觀點的衝動？作為被罵的一方，你可以思考一下過往出現這些反駁衝動的時候，有沒有一些共同點？例如，可能每一次你在某些方面遭批評時，也會特別生氣，特別容易被自己當下的情緒主導。那些方面可能是你的工作表現、你所擁有或沒有的東西……那些你重視到要起來反抗的東西，有時候正正是你認為自己有價值、有自尊的地方。在這些方面受到攻

擊，好像連自我形象也一併被破壞，所以感覺特別痛！

作為上司的一方，有沒有想過怎樣才可以更有效地與你的團隊合作？上司、管理階層能否有效地跟同事打好關係，也是高效能領導的一大關鍵，而方法之一就是溝通。溝通？聽起來好像陳腔濫調，但其實要學會真正溝通，當中有很多細節和技巧，其中一個重點就是「同理心」。同理心跟認同不一樣，同理是明白和了解對方的想法和感覺，不等於同意對方。透過同理，你會知道對方為甚麼會有這種行為或説話，讓對方感到被理解，而不是覺得自己在雞同鴨講、對牛彈琴，對方更可能會因此放下自己的防衛，願意與你合作。

我們的人生中上過很多關於説話的課，但聆聽的藝術好像不太受重視。在很多需要溝通的關係中，包括夫妻、親子、朋友、同事等，人們聆聽往往都只是為了想講自己的話。然而，很多人沒有想過，當我們願意真誠地聆聽時，其實反過來更容易找到溝通的鑰匙，亦能更有效地表達出自己想説的話而不破壞彼此關係。

三招締造順暢溝通

以下是一些有效聆聽的方法，我們在溝通之際可以嘗試應用，讓溝通的過程更順暢：

I. 以情緒為首要

很多時候，溝通出現困難是因為大家都受到情緒影響，變得愈來愈激動，最後變成非理性溝通，有理説不通！所以留意自

己的情緒是非常重要。在說話的同時嘗試明白對方的情緒，隨後在適當時機以理解的態度指出對方當下的情緒。例如，當對方在怪責你沒有幫忙時，叫能你會感到很生氣，但當你說出「我明白你現在很失望」，對方可能會感到被明白而放下一點防衛，氣下了，這樣才能展開有效溝通。

II. 總結和複述對方的觀點

另一個很簡單就能夠讓對方知道你在聆聽的方法，就是總結和複述對方的觀點，以自己的語言重新表達對方的話。例如，對方說「這樣好麻煩」，你可以回應說「這樣真的麻煩」（直接複述）或「這樣安排是很不方便」（重新敘述）。讓對方知道你有在聽他說話，因而更容易建立溝通的橋樑。

III. 慢下來

當我們激動的時候，會不自覺地加快自己的語速，予對方一種咄咄逼人之感。設身處地，我們面對那些態度咄咄逼人者，亦不會有心情聆聽對方的話。有見及此，下一次，我們可以試試先調慢自己的語速，讓自己的情緒不會隨着話速加快而變得太高漲，這也有助我們冷靜地聆聽別人的說話。當我們學會細心聆聽，可能會發現其實雙方的看法沒有你所想的那麼不同，進一步嘗試找出彼此的共同點，有助達成共識。

坦白說，溝通從來不容易，筆者沒辦法提供完美的溝通方案，畢竟每個人的景況都很不一樣。如果我們人人都能夠學會用心聆聽，慢慢理解，慢慢說話，相信整個溝通的經驗也不至於太差吧！

6.7
多餘的小小員工？

> 我只是大機構中的一粒小齒輪～

　　跨國大公司、政府機構等都是一般人夢寐以求希望進入的職場。在大公司工作固然有不少好處——薪高糧準、不用太擔心被裁員、有好名聲。但是，你希望公司配合自己的願景時，公司也必然擁有一套不容破壞的標準。

　　在一間有規模的公司工作，往往會因為受制於不同傳統、制度、習慣而遇上問題。制度和規則的設立自有其好處，包括能夠保護公司的架構、財產和員工，避免受不必要損害。可是，當制度未能完善運作，規章框架愈益僵化，公司的效率、業績也會受到影響！身為一家大機構中的小小員工，面對大環境的挑戰，我們只有像小孩子一樣，一步步找出自己的方向和學習所需技能。

幸運的話，我們會遇到一個個循循善誘的指導者，順利過渡；但無奈地，大部分人都是在沒有任何幫助的情況下，跌跌碰碰地捱過來的。

姑勿論你的經歷如何，在工作過程中，我們總會遇上不同的挑戰，實務上的問題比較容易找到出口，情緒的問題又可以如何處理呢？

增強情緒韌性的第一步

職場挑戰如此多，我們出現不同的情緒實在是人之常情，重點是如何應對。因着自身的資源、經歷、性格特質，我們對於情緒會有不同的處理方法，於是出現了關於情緒韌性（Emotional Resilience）的討論。情緒韌性説的是自己有多大能耐在壓力或創傷下恢復穩定，並適應周遭變幻無常的環境。

有很多人會以為，情緒韌性強就是正面思考，對任何情況都沒有消極／悲觀。其實不然，情緒韌性並不是否定情緒，因為人本來就會有七情六慾，情緒本來就是自然的、與生俱來的反應。情緒韌性着重的是怎樣調整自己的情緒，在逆境、挑戰中繼續前行。

而培育情緒韌性的第一步，就是本書一直強調的課題——認識情緒，接納情緒。

I. 為情緒命名

要認識情緒，就要懂得為自己的情緒命名。嘗試認識／觀察

自己的內心小劇場。可以先從一些簡單、較表面的情緒着手,為它們命名,例如憤怒、興奮、尷尬等等,之後再慢慢繼續探索自己內在其他較深層、較複雜的情緒,以及情緒背後的需要。

II. 減少自我責備

另一個我們可以多加留意的地方,就是儘量不要讓自己陷入自我責備(Negative Self-Talk,或譯消極自我對話)的漩渦裏。我們常常會不自覺地對自己說狠話、怪責自己,這樣做除了讓自己更加難過之外,實際上沒有甚麼用處。

情緒出現時,先不要急於順着心裏的「魔鬼」去責罵自己,嘗試接納那些令自己不舒服的情緒,了解情緒反應背後反映的是甚麼。

上述方法是一些可以讓我們更自在地處理內心小劇場的小撇步,當這些小行動成為習慣,我們面對挑戰和轉變,就會更有韌性!

第 7 章

委屈

wai2 wat1

wai2 wat1

【釋義】屈抑不伸。常指冤怨不得伸雪，或才情不

得發展。

【近義詞】

委曲：屈身折節，意不得伸。

屈身：委屈自己，降低身分。

冤屈：悒鬱、不得志。

參考資料：《國語辭典簡編本》第三版

7.1

令人恐懼的「讚美」

「其實 Emily 你身材真係唔錯。」某位男上司看着我，突然這樣說。

還記得，當時我內心既驚慌又不知所措。自己才剛入職，跟這位男上司彼此間不太相熟。平常對話也大多是討論工作，偶爾才會閒聊幾句。況且男女有別，無故評論我的身材亦未免有點不合宜。

但因為他是我的上司，當時我不敢輕舉妄動，只是淺笑了一下。

他這句話雖然突兀，不過我也怕是自己想太多，若反應過

大，開罪了他就不好了。我回家後，不斷思考各種可能性，嘗試為他的這句話尋求一個合理解釋。他可能只是友善地讚美一兩句，碰巧這次是評論我的身材？也可能上次我跟他閒聊時提到自己有做運動的習慣，他這句話是在鼓勵我繼續努力吧……？

殊不知，他的「讚美和鼓勵」，隨着時間過去，變得愈來愈露骨。「日日見到你都流晒口水……」他會趁着周圍沒其他人留意時，色迷迷地由上而下打量我。間中行經他附近，他更會低聲地發出一些「哇、哇」聲。

聽到這些說話或看到這些行為時，我的內心其實害怕極了，但我不敢也不知如何發聲。不懂得如何回應的我，有時只能尷尬一笑，以應付這位上司的噁心「讚美」。

矛盾的內心

感到害怕，是因為無法再為上司的行為和說話找到「合理」解釋，只餘下自己最不能夠面對的——性騷擾。遇到性騷擾，感到驚慌、不知所措、反應不來，都是人之常情。

「可是尷尬微笑回應對方，真的合適嗎？對方會否以為我沒有甚麼所謂，才繼續這樣做？都怪我不懂反應……」

的確，這樣的回應有機會令對方變本加厲。不過，我們也很難要求自己在當刻給予最合適的回應，其實自己也不想受任何傷害。

「我擔心會小事化大，亦擔心其他人會歧視和不相信自己，所以直接甚麼都不說。」

很清楚自己內心感到不舒服，明明理性上知道對方正在性騷擾自己，卻只能默默忍受。每次遇到類似的事件時，就只好告訴自己：「他又來了，當看不到吧。」「隨便敷衍他就算了。」

最終受委屈的是自己。

職場上的性騷擾，事主可能感受到不同程度的情緒反應，包括煩躁不安、焦慮、憤怒、無力、屈辱、抑鬱，最嚴重甚至有機會出現創傷後壓力反應（McDonald, 2012）。

性騷擾零容忍

性騷擾是無法容忍的事，而我們亦毋須強迫自己容忍，應該作出正面回應，包括：

I. 堅定 SAY NO

明確拒絕對方，不要再容忍他做出這些令你感到不舒服的行為，以阻止對方繼續傷害自己。不論雙方職位高低差距，你絕對有權利表達自己的感受。你可以堅定地 SAY NO，要求對方停止性騷擾言行。

II. 分享自身經歷

除了阻止事件繼續發生，此前所經歷的不安和委屈也需要處理。當要跟其他人談論這些令自己感到受傷／不舒服的經歷時，內心會有不少掙扎，回想起事件時已經掀起不少情緒，還要擔心對方聽完後不知會對自己有甚麼想法。不少人寧願選擇將這些痛苦的經歷和感受，全部埋藏在心底裏。

不過，獨自一人又能支撐多久呢？除了找自己信任的人，例如家人、好朋友等一同分擔之外，你也可以選擇將經歷寫下來，或對着電話錄音説一遍。不論用甚麼方法，雖然過程中會令你有不舒服，但坦誠面對的勇氣或許會帶來一點改變。研究顯示，分享自身經歷能夠有效減少心理困擾，同時增強有關的復原能力（Hemenover, 2003）。當然，如果發現自己的情緒困擾已經超越自身能力所能處理的範圍，就得及早尋求專業人士的協助。

III. 採取行動

平等機會委員會推出的《防止職場性騷擾 - 中小企僱主小錦囊》宣傳小冊子，已清楚定義職場性騷擾行為及提供相關例子。若同事不當的行為和説話令事主感到被冒犯及厭煩，已可構成性騷擾。

若事件真的不幸發生在你身上，可選擇循以下途徑求助：

- 向僱主投訴；

- 向平機會投訴；

- 入稟區域法院申索；

- 在緊急情況下，致電 999 報警。

7.2
職場情緒勒索

　　過去幾年，女上司非常關照我，特別給予我機會接觸不同範疇的工作。我也很想努力工作和表現自己，以報答她對我的賞識。我甚少推卻她叫我做的工作，而她也漸漸習慣視我為「沒問題先生」。

　　漸漸地，工作開始超乎我能夠應付的份量。每當我嘗試向上司坦白時，她都會說：「你之前都會幫手做，而家做咩無啦啦就唔做？」「我都係見你做到嘢先安排機會畀你，你唔係唔知㗎。」

　　然後，我又會忍不住妥協。即使要通宵熬夜，甚至在假期和週末加班工作，都盡力完成她安排給我的工作。生怕辜負了她，讓她感到失望⋯⋯

最近，我想試試其他嶄新的工作機會，期望可以擴闊眼界，增加經驗。當我向上司提出離職時，她對我說：「吓……我哋無咗你唔得，不如你唔好辭職住。」「點解你可以咁樣對我？你知唔知道你咁樣做我會好辛苦？我一直都咁提攜你，你係咪恩將仇報先？」

上司向我提出這些問題時，令我壓力很大。難道我就要因為不想令她失望，不想自己感到內疚，而一輩子留在這個地方嗎？

我⋯⋯墮入「情勒」

「情緒勒索」，是指透過控制關係和利用情緒，操控對方跟隨自己的心意行事，得到自己想要的結果。「情緒勒索」一詞由心理治療師 Susan Forward 發揚光大，她於著作中指出，情緒勒索最主要會利用事主的三大情緒（Forward, 1997），包括：恐懼（Fear）、義務（Obligation）、內疚（Guilt），簡稱 FOG。常見的情況時：

- **恐懼：**威脅會向下一個僱主抹黑你；

- **義務：**上司多番提攜我，故我應該完成更多的工作；

- **內疚：**我離職將令公司人手短缺，同事的工作變得更加辛苦。

被勒索者無法抵受 FOG 的情感，才會選擇降服於勒索者的「情勒」，作出自己不想做的行為或決定。

為了成全其他人而作出非自願的決定，「被勒索者」會感到

不舒服、後悔、生氣都很正常，因為這些感覺都正在告訴自己：你受委屈了。有時候更會因為覺得被操控，想極力反抗到底，不想繼續下去。

不過，很多時候，「勒索者」都不知自己正透過這種方式傷害其他人，只是覺得這樣做能夠表明自己的想法或達到目的。

告別「情勒」式溝通

若你希望改變飽受情緒勒索的工作環境，就必須從自己的回應方式開始作出改變。

I. 切忌秒速下決定

當你覺得左右為難時，千萬不要立刻回應對方的要求。先跟對方說「不好意思，我等一下再回覆你」。如此一來，可以避免自己感情用事，在還未準備好的情況下，做了一個令自己後悔的決定。同時，也可以利用所爭取到的時間，仔細考慮自己真正的意向。

II. 保持理性

我們不希望委屈自己之餘，也不希望跟對方產生嫌隙，發生激烈衝突，我們可嘗試理性討論——

- **集中在當刻的問題**：即使以前的經歷多麼愉快／不愉快，你現在要決定的事情就只有眼前的事；

- **不要為拒絕而拒絕**：了解清楚問題的本質，維持彈性也

很重要。這個要求牽涉的事情重要嗎？有任何危險性嗎？將如何影響自己？

- **旁觀者清：**找自己信任的人，從第三者的角度分析事情，以獲得更客觀的意見。

III. 實施非防禦性溝通 (Non-defensive Communication)

非防禦性溝通就是在回應對方的時候，不需要為自己的答案加以解釋和辯解。

帶有防禦性的說話，作用是為了保護好自己，說話的方式和用字都可能會令氣氛火上加油。例如：「我今次唔幫你做啫，但我一直以嚟都好為你着想，點解你仲可以覺得我好自私？」

相反，非防禦性的說話性質中和，能更加有效傳遞真正的訊息：「我理解你會覺得唔開心，但我無法答應你嘅要求。」

IV. 救急的罐頭句子

可嘗試記着以下數個句子，有需要的時候便可加以運用，在關鍵時刻給予適當回應。

若對方有相反 / 不相同的想法，這時可以這樣説：「你可以有你的想法。」

若對方十分生氣，可以回應：「我知道你現在很生氣。希望你也能用一些時間消化一下，或許會有另一個觀點。」

若對方威脅你，你可以説：「你不希望我這樣做，但我已經決定了。」

7.3
我不願，卻習慣委屈

　　從事服務業可謂見盡人生百態，常常會接觸到各種「有趣」的客戶。有一位常客，每次花費都相當闊綽。然而我們每位員工都忌她三分，因她總能找到機會向同事說些難聽的話，令我們覺得難堪又委屈。

　　比如有時冷語幾句：「唉……你老闆請咗你真係唔好彩，可能佢個人要求低啲。」

　　心情不好時會無故大吵大鬧：「我而家好唔滿意你哋嘅服務態度，叫你經理出嚟同我講！我要問吓佢做咩請成班垃圾返嚟！」或像以下的小故事：

甚至毫不留情地向員工作出人身攻擊：「係咪要我教番你做嘢呀？睇你個樣都知你咩都唔識做，正一豬咁蠢！叫第二個嚟serve我，我唔想對住你呢啲人！」

又以為自己高高在上，凡事嫌三嫌四諸多要求：「我呢啲尊貴顧客VIP嚟㗎，知唔知我嘅時間好寶貴？仲望？全部人棟晒喺

度唔使做？」「吓？！我平時幫襯咁多，又介紹咁多人嚟，你只係畀咁少優惠我？」

完完全全無視同事的感受。

年資較深的同事經常叮嚀我們，受顧客的氣是我們工作的一部分。縱使心中有多麼不忿，做服務業就必須要忍，慢慢就會百忍成金；至於主管的說法是，員工必須維持公司的專業形象，時刻都要以顧客為先。正所謂多一事，不如少一事，若跟顧客衝撞只有自己會吃虧，倒不如把氣吞下去算了。

這些說話聽多了，的確好像再沒那麼介意顧客的無理取鬧。不過，即使對自己說過十萬次忍下去，偶爾仍會承受不住這些精神壓力，獨自在休息間的角落默默落淚。哭過後，又要再次掛上招牌笑容，繼續工作。

毋須習慣委屈

「忍一忍，很快就過去。」雖然內心不情願，但你會漸漸習慣了這個思維模式，習慣了凡事先忍。你可能會日復一日地告訴自己，我不需要受這些說話影響，不需要因而感到不開心，畢竟這些「過客」不值得我不開心。但本來的你……

明明以禮待人卻換來惡言相向，你會覺得生氣、被羞辱和不被尊重。

明明聽到批評，你很快就會在意，甚至受傷害，因為你是個對自己工作表現有要求的人。

明明知道對方是錯的，卻要曲意迎合，你會覺得不服氣，更會有衝動想撥亂反正。

當你無法為自己辯解，面對不公平的事都只能忍受時，感到委屈是很正常的。每天一上班就要投入角色，戴上友善親切的面具。縱使對方無理至極、態度奇差、口出狂言，如機關槍般掃射，你仍要保持「專業形象」，忍氣吞聲。

同事們可能會看輕甚至否定你的情緒，覺得你太大驚小怪，入世未深。「你唔使咁介意，我平時都聽唔少，遲吓就會慣。」「乜你 EQ 咁低？做呢行係咁㗎喇。」

聽到這些說話時，很容易將焦點轉向懷疑自己……到底有這些情緒是不是我的問題？也許我也應該習慣一下不必太在意吧。

其實，你毋須習慣委屈。

忍得一時，忍不了一世。別以為只要忍過了那一刻，就必定雨過天晴。

處身於工作崗位時，我們都難以立即宣洩情緒，不能直接與顧客唇槍舌劍一較高下，或者像電視劇中瀟灑的主角般對老闆說：「I Quit！」大多數情況下，我們只能默默忍受，把不忿和怒氣都咕嚕咕嚕地吞下肚。然而，情緒不會因此憑空消失，只會慢慢累積起來。

委屈有用並不可恥

工作上受些委屈有時能解決燃眉之急，有助平息客人的怒火之餘，又能保着飯碗。不過，客人的感受被好好照顧到了，卻忘

記了自己的感受也要小心呵護。其實，難受委屈的感覺一直在自己心中盤旋，不會睡一覺就好了。

情緒壓抑（Emotional Suppression）並非一個健康習慣，不但無法紓緩情緒，長遠更會影響健康。壓抑情緒會令身體如同受壓一般，啟動交感神經（Sympathetic Nervous System），並出現心跳加快等的身體反應。壓力狀態下，我們會打醒十二分精神，短期提升工作表現，應對各式各樣的顧客。可是長時間處於這個受壓狀態，會削弱免疫系統，令自己變得更容易生病，有研究指出，壓抑情緒跟心血管、呼吸系統、腸胃等疾病息息相關（Gross, 1988）。

事實上，情緒的其中一個最重要功能，就是要提醒我們留意自己的心理需要。單純地壓抑，不作處理，就等於忽略自己的需要，最終只會使自己更加辛苦，甚至損害身心健康。

請不要因為「工作需要」，而遺忘了你自身的需要。

受委屈時，我需要被安慰、被明白，希望有人能支持我。

成為自己的最佳戰友

受委屈且無從發洩時，不如嘗試在心裏對自己說些安慰的說話，簡單幾句就很足夠：

「辛苦你了。」

「聽到呢啲說話真係令人感到好＿＿＿＿＿＿＿，但我能夠承受呢份壓力都唔簡單。」

「呢位客人真係好＿＿＿＿＿＿＿，我覺得＿＿＿＿＿＿＿係好平常。」

「我因身處工作崗位而無法＿＿＿＿＿＿＿，表現真專業。」

除了在心中默默對自己說這些話，也可以選擇說出口（當然不是在客人面前，比如回到休息室時說），或用紙筆記下。雖然不能令你面前的魔鬼客人立刻住口，但至少讓委屈難受的你感到好過一點，讓自身情緒得到肯定（Validation），知道自己產生這些情緒是絕對可以的。

自我慈悲（Self-compassion）着重對自身的關懷和接納（Kotera & Van, 2021），鼓勵與自身的交流，如同你是自己的好友那樣親切友善，而且不選擇忽略或逃避正在面對的痛苦和感受。透過以上的語句跟自己交流，亦是體現自我慈悲的方法之一。研究指出，自我慈悲與改善職場滿意度（Abaci & Arda, 2013）、壓力感（Mahon et al., 2017）、樂觀度（Simões et al., 2016）等有緊密關係，所以千萬不要看小跟自己交流的力量，這或許能為你的工作帶來新的改變。

想像一下，若你感到委屈時，最好的朋友就在你身邊，你最想聽到他對你說些甚麼話呢？這就是你最應該跟自己說的話了。

我值得忙裏偷閒

　　許多都市人都習慣了忙碌的工作氛圍，有時更覺得安排休息時間是奢侈行為。然而，我們有時亦要懂得讓自己停下來，嘗試把「我咁忙，邊得閒玩」的想法，調整為「我咁辛苦，點樣都要畀自己唞吓氣」。努力在工作環境中為自己創造及規劃一些喘息空間。

　　每次只需要花 10 至 15 分鐘，不論是午飯時間離開工作間出外走走，又或是在休息室中伸展拉筋、到廁所聽一首你愛聽的歌、小休時午睡等等，全都是可行且有效的「放鬆小法寶」。讓你能夠從忙碌的工作環境中適當地抽離，降低工作過勞的機會，為我們的身心靈充電（Fritz et al., 2013）。

　　勤勞工作的你，絕對值得一個有質素的休息。

7.4
你有情緒，我都有情緒

「你咪同佢道歉囉，道個歉又唔使死嘅。」同事 Peggy 説。

我不忿：「我都無做錯嘢……」

「我知。不過做人彈性啲好，你太在意對錯啦。出得嚟做嘢，唔好咁執着呢啲。」Peggy 搖頭嘆氣，一臉語重心長地説。

一年前初踏入職場，才發現自己比想像中更加渺小。不單止實際職級和地位，而是我整個人的重要性。在工作中漸漸發現自己總是要委曲求全，遷就其他「更重要的人」的感受。「最緊要為件事好」，是我最常從前輩口中聽到的提點。要懂得將目光放在「更重要、更長遠」的事情上，這樣工作才能做得出色。

因此，即使我內心多麼不願意，我也學會了為不合理的事情道歉：「真係好對唔住⋯⋯我下次會處理得好啲。希望你繼續畀機會我哋公司繼續跟進貴公司嘅企劃。」

一年過去，我的心態的確轉變了，在職場中獲得更多發揮和學習的機會，立下了不少功績。然而，我的內心總是隱隱感到不舒服。工作順利，但心不順。

「我」真的不重要嗎？

整個環境彷彿都正在用力地告訴自己「我不重要」。

起初我還會捍衛，為自己的感受而嘗試奮力抵抗。到最後，不敵外在環境所帶來的壓力，發現抵抗無用，唯有強迫自己改變。情況就如獨自撐着一艘小木船，在湍急的河流中逆流而上，終有一天也會花光氣力而停下，隨水飄流。

連自己都參與在其中，為了工作而選擇不去理會、無視自身的感受。心裏面總是隱隱不適，或者是因為現在自己太自然地壓抑負面的感受。

在沒有做錯的情況下，需要違背個人感受，說聲「對不起，我錯了」，是多麼糟糕的一件事，任誰也會因而覺得委屈。自己的感受沒有得到適當的重視，更需要照顧另一個人的情緒。

到頭來，原來除了外在環境的其他人之外，自己也有份讓自己受委屈。

更加在乎「我」

上 節提到，情緒壓抑並非健康的習慣；學會對自己說出安慰和肯定的話語，能為受委屈的自己帶來一些慰藉。我們也可以留意以下兩點：

I. 減少「自動波」

改掉過去不重視自身感受的壞習慣，花時間和心力留意自己的情緒感受。萬一你已習慣性「自動波」地忽略自己的感受，那你就更加需要停下來，多觀察和留意自己的狀況。

怎樣觀察自己？

靜觀練習（Mindfulness Exercise）是一個不錯的選擇。我們學習如何留意此時此刻的自己，注意到自己的身心需要。培養靜觀需要長時間且恒常的練習，但如果能將靜觀的意念帶到工作之中，將有助我們更能夠適時注意到自身需要，減少「自動波」的情況。練習靜觀的詳細方法可參考本書附錄〈情緒急救站〉第三部分。

若覺察到自己受委屈，可配合上一節提到的安慰說話，利用肯定自己感受的句子，給自己來一個溫暖的擁抱。

II. 跟工作說聲 BYEBYE

若留意到工作為你帶來的心理負擔與日俱增，而自己無法透過不同的方法去減輕這方面的壓力，那就要認真衡量這份工作的利弊，思考去留。無論你最後有怎樣的決定，這個認真分析的過程也是肯定和重視自己感受的一步。

7.5
SORRY，我不是萬能

「你唔係讀 IT 嘅咩？點解你唔識幫我整電腦？」

「你唔係律師嚟嘅咩？點解你答唔到我呢個法律問題？」

「你唔係客戶服務主任嚟咩？點解你畀唔到一個令我滿意嘅服務？」

職場上千奇百趣。間中會碰到一些自以為是的外行人，總帶着不合理的要求和期望，並要求你滿足到他們的無理需求。若然你做不到的話，他就會覺得你無能，開始質疑你的專業。

「點解你咁都做唔到？」

「你點坐到呢個位㗎？咩都唔識嘅？」「呀 XXX 都做到，點解你唔得？咁你有咩用？」

Sorry，我真的不是萬能的。我無法突然學會我本來就不懂的東西，也無法突然做到我本來不會做（或職權以外）的事情。上面這些說話我一直都很想說出口，教訓一下那些目中無人的客戶。不過我也清楚知道，當我將這番話說出口之後，明天就不用再上班了⋯⋯

現實是，即使自己的底線和專業資格頻頻遭客人挑戰，我仍然要面帶微笑，禮貌而不失冷靜地回應。若對方堅持於對與錯的糾結，我亦只能選擇低聲下氣道歉，務求息事寧人：「唔好意思呀，令到你咁唔愉快。」為了保住飯碗，我實在受了不少無謂的氣。

錯不在我

明明是對方誤會了我的專業技能，明明是他強詞奪理，明明是對方的不是，為何最後需要道歉的人反而是我？

道歉時口不對心，實在教人氣憤難平。我好像違背了自己的良心，愧對自己心中最真實的感受。在這些情境下感到憤怒和被冒犯、想翻白眼、想教訓對方一頓都是正常不過的，但為了保住工作，我要奮力按捺着內心的感受和衝動，甚至心不甘情不願地向人道歉。

無可否認，道歉、忍氣吞聲是最簡單及最快捷可以安撫「西客」的方法。但長遠來說，我們的心結便愈來愈難纏，委屈的感

短期 ➡ 長期

覺只會日漸累積。即使你多麼理性務實，心裏不舒服也是在所難免的。

自身的感受或情緒沒有得到處理，有苦說不出，就會感到委屈。

本章至此已經討論過不少處理委屈情緒的小貼士。對你來說，於上述故事的情況下，最合用的是哪些貼士呢？你又能否想到其他新辦法？

方法	實行的優先次序
對自己說安慰說話	
忙裏偷閒	
減少「自動波」	
跟工作說聲 BYEBYE	
其他：＿＿＿＿＿＿＿＿＿＿＿	

要在不討好的環境中找到自己的生存之道，絕不是容易的事。情況猶如在荒野中求生，每分每刻都面對不同挑戰。就讓我們一起努力，尋找自己的安身之所。

說到委屈，相信很多人也試過。職場也有不少委屈。以下是一個虛構的情境，你可以想像一下自己是故事的主角：

「上司私下找你開會，説是討論一個新的企劃，他裝作諮詢你的意見，經過一番討論後，很快就到了部門會議，上司竟然將你的點子公開地説成是他自己的想法，然後毫無修飾地一五一十報告出來，隻字不提你的名字。上司向來很有權威，亦深得他人信任，你作為一個小人物，能説些甚麼？就連跟同事講多句也不敢，只好忍氣吞聲，自我安慰説點子得到賞識就已經很好，不用奢求甚麼公開讚賞。

後來，上司變本加厲，強行將他所犯的錯加在你身上，變相要你『硬食死貓』，但錯誤之所以會發生，都是從上司處理的那一部分而來。你不知道應該怎樣做，但因為你跟上司的相處相安無事，所以你遲遲未有離職的想法。」

不知道大家會否有與上述故事主角相類似的經歷，發生這樣的事情，你又會有甚麼反應？

- 委屈的感覺揮之不去，以致一整天心情不佳？

- 後悔自己不第一時間主動發聲說出真相？

- 擔心破壞現狀而不作投訴？畢竟自己的飯碗掌握在上司手中⋯⋯

- 感到不安焦慮，對其他人說話時更加小心翼翼，不想再次經歷同樣的事情。

上述幾種心情有可能會同時出現，令你感覺很矛盾。

就像是有一些未處理的委屈，會慢慢變成不安焦慮，對他人的失望會慢慢形成了無助、絕望。你知道一切的感受都不能跟其他同事透露；家人和朋友未必明白自己的難處，有些人更可能質疑你為甚麼不直接說出來，或是向跟更高層的人投訴，但你深知這樣做其實不能產生甚麼改變，甚至會令事情更糟糕。感覺上，所有方法都不能改善這個情況，唯有自己「硬食」，才算得上是「成熟」處事。

相信很多人也曾經感到委屈。而委屈，往往是一種比較不顯露的情緒（Unconscious Affect），即使你知道自己有一種不舒服的感覺，也未必很清楚是甚麼原因，但實際的行為、決定已經被

影響了。內心的委屈，可以演變成憤怒、傷心、自我懷疑……暗暗地為我們的生活帶來困擾。

將經歷變成經驗

　　能夠察覺到自己是為了不公的經歷而感到委屈甚至憤怒，已是非常好的第一步。你可以嘗試接納那些可能或已經出現的情緒——有時候是為自己抱不平，有時候是因為沒能好好保護自己而感到難過，有時候是想反抗……通通都是人之常情。

　　肯定自己的情緒、感覺，是排解委屈及其他衍生情緒的首要條件。你也可以找信任的人傾訴，或者寫下令自己有委屈感覺的事情，當時的想法、行為、感受等。若當刻強烈的情緒令你無法深入思考，不妨先從行為着手，將注意力放在自己手頭上的事情，將任務清晰列出，然後逐項完成。

　　當情緒感覺慢慢變得不再那麼強烈，便可以試試整合過往的工作經驗中，尋回自己的價值，並總結從委屈經歷中的學習經驗，以及思考一下下一次可以如何理性應對：

- 在這件令你委屈的事情中，你已經做到 / 做得不錯的部分是甚麼？（例如欣賞自己的努力）

- 事情的哪個部分最令你感到委屈？

- 如果事情重來一遍，你能夠多 / 少做一些甚麼改善這個情況？

- 這件事情最大的教訓 / 從中學習到的是甚麼？

- 對於這次經歷，你最感謝的是甚麼？

　　雖然要做到以上各項並不容易，但「委屈」這一種容易被忽略的情緒，實在值得我們多加留意。或者，我們會發現，其實過去令你感到委屈的經歷都有一些相類似的地方，而我們的應對亦存在不少共通點。整合這些感覺和經歷，對於我們理解自己、幫助自己的成長，有着重要的作用。

7.7

對不起，我不想受委屈

以下是一段獨白，故事中的主角是一個剛投身職場不久的小薯。

作為新同事，我不知道一大夥人一起買飯盒有甚麼「潛規則」，口快快便答應先墊付飯錢，想不到這是惡夢的開始。

相信大家都猜到事情的發展：自己好心為大家付了錢買午餐，但是最後竟然有一半人沒有意思付錢。因此，我的腦袋開動了分析模式，內心戲一幕幕上演。

「如果我向他們追討，會否顯得太小器？」

「這次的金額也不大，當作是我請客吧！無謂因為金錢而令

大家關係尷尬，甚至連普通朋友也做不成……」

「唉……我才剛剛出糧，丁點的薪水就冤枉花光了……」

「如果我用眼神提示，不知道他們會否記得呢……？」

最後，我決定今次委屈一下自己，裝作不記得收錢，但下次一定要提醒自己不要幫忙墊付。

受了委屈的新人，心情會變成怎樣呢？如果是你，又會不會有以下哪些情緒：

- 委屈？

- 悶悶不樂？

- 憤怒？

- 無奈？

- 緊張？

- 擔心？

同樣的事情，我們經歷的情緒可以有很多層次，雖然我們大多不會、而且不能夠為複雜繁多的情緒劃清界線，但透過慢慢感受、觀察自己當刻的感覺，你可能會對自己有更深入的了解，從而知道在哪些時候、用甚麼方法幫助自己應對。

在前面的短故事裏，除了因為無端被迫「請食飯」以致感到委屈之外，小薯亦不忿同事沒有付錢。或許你還會有一種不被重視的感覺，因為自己希望可以被同事們當成一分子，想他們記住自己，才會出手幫忙付錢。為保關係，小薯自然不敢直接跟他們討回飯錢！是的，在大多數情況下，我們或者會太過顧及別人感受而忽略自己的想法，但又渴望別人可以多些體諒你、重視你。

三管齊下應對委屈

渴望被重視是人類與生俱來的需求。在職場中，我們也希望其他同事和上司可以尊重自己。例如在故事裏，如果同事們能自動自覺地馬上把錢還給你（這是應該的），便證明他們知道是你幫忙墊支，重視你的付出。在一般情況下，同事之間互相尊重、

理解和明白，不但有助建立合作關係，令工作氣氛更加和諧，也有利於增強員工的工作動機，改善身心健康，提升工作表現。

那麼，作為職場小薯，如何可以令同事尊重、看見自己，避免再遇上令自己委屈的經歷？以下是一些步驟，讓我們學會如何應對委屈，讓別人／自己都更公平地對待自己！

I. 衡量得失

要明白自己的內在需要，才會懂得在不同情況中取得平衡。

- 了解自己的價值取向，包括自己如何看待自己在朋友圈／同事群的位置，以及自己對朋友／同事的期望。

- 釐清掙扎點：應該啞忍抑或堅持立場？堅持立場是否等於放棄「朋友／同事」的關係？

- 明白事情不是非黑即白，嘗試在中間落墨，尋找可以改變的灰色地帶。

II. 懂得「語言偽術」就是王道？

了解灰色地帶後，請嘗試尋找平衡點，利用謙虛又不失肯定的表達方法，讓別人理解你的觀點。就以小薯的經驗為例，我們可以：

- 善意提醒：向大家提早作出預告，如果在這之後還沒收回錢，就再提出。

- 態度有禮：道理在你這邊，所以更要保持禮貌，設立清晰的期限，提供足夠的空間、時間。

- 謙虛而肯定地表達立場：設立界線，讓別人知道你有原則，亦有人情味。

- 說話時以對方為中心：要說服別人，就讓他們聽到你明白對方，從他們的角度出發。例如以「擔心自己忘記」為由作提醒，以「希望理解他們的難處」為出發點，避免使用指責的語氣。

III. 如實交代　不再壓抑

總括來說，如果清楚知道自己的需求，能夠平靜而肯定地表達，如實交代事件為自己帶來的影響，便可以避免自己以「壓抑」手法應對職場大大小小的事情，減少委屈感覺，亦保持與上司/同事的友好關係。

亦苦亦甜
我全都要

　　苦與甜都是生活的一部分，各自都在我們的人生中擔當着重要的角色。

　　沒有苦，又怎會感受到甜有多寶貴、多值得我們珍惜和喜愛？

　　沒有苦，又怎能從中學習和進步，使自己面對挑戰時能夠更從容自在？

　　沒有甜，又怎會有足夠的動力去面對挑戰？

　　有時候，情緒會令人感到不舒服，但也為我們提供機會了解自己的需要，學習在不同環境下調節適應。即使眼前的問題未必一定能迎刃而解，自己在過程中已經累積了寶貴的經驗，再遇

到類似情況就會更有能力和信心應對。更加重要的是，所謂的應對不單是指事件本身，而是自我的調適，長遠為自己帶來成長和智慧。

雖然本書提到的職場情緒較多是令大家不怎麼舒服，但工作之中當然也有機會經歷不少開心愉悅的情緒。工作上的正面經驗可以增添我們上班的動力和樂趣，甚至是苦悶工作中的一點甜。你能回想到某幾件在工作上令你感到開心愉快的事件嗎？

你有試過……

辛苦工作後得到認同和讚賞嗎？

成功透過工作幫助到有需要的人，感到滿足和有價值嗎？

工作中遇到合拍投契的人嗎？甚至認識到互相扶持的好朋友或伴侶嗎？

職場上遇到一位良師，無私地向你分享自己的經驗嗎？

職場低潮之中遇到不離不棄的戰友，支撐着你的人嗎？

細心地觀察，也許會發現工作之中的美好事，令我們感到興奮、感動、感恩、驚喜、被支持、被關懷、被愛……

職場上的所有際遇，無論是讚美、批評、挑戰……當中的心路歷程，高低跌宕，都是我們寶貴的經驗，為我們增進人生閱歷。應該沒有人會否認，在職場上打滾了一段時間之後，做人會更加成熟穩重，變得靈活和圓滑。

不論苦或甜，都是我們的體會。

情緒是我的指南針

面對一切事情，情緒總會陪伴在旁。遇到不公時我們會感到生氣，被錯怪時我們會感到委屈，失去努力的目標時我們會感到迷茫……

情緒就好比指南針，指引着我們內在的真正需要。情緒是我們在生活的「森林」中，最誠實忠心的好夥伴。

「我不喜歡這種感覺，我想改變它，我想它消失。」可以的話，我們會想有一些方法去解決事情，消除令自己感到不舒服的情緒。但萬一事情無法改變，情緒反應也就無可避免，我們得知道如何與情緒共處，接納此刻的感受，以開放的態度，容許自己感受情緒，了解並回應情緒指南針告訴我們的方向。

情緒指南針是每個人都有的。有些人十分擅長運用指南針，能靈活地作出適當回應，處理自己的需要；有些人不知如何讀指南針上的訊息，毫無方向地東奔西跑，跌跌碰碰地在路途上轉呀轉。

其實，要解讀指南針一點都不簡單。因為情緒來得很快也很直接，有時多種情緒會同時出現、高低起伏、互相糾纏、互為影響……情緒，從來不見得清晰明確。只要稍不留心，我們就會不小心忽略了它。

職場忙忙碌碌，光是要處理堆積如山的工作已經足以令人喘不過氣來，哪有閒心和時間細味自己的感受？反而是回到家中靜靜坐着，才終於發現自己今天受委屈了，承受着龐大的壓力……

就讓我們從今天開始，多加留意自己的情緒，好好學習運用情緒指南針。

　　最後，為各位讀者送上一句話：

Feelings have their own kind of wisdom.

情緒擁有自己獨特的智慧。

McWilliams, 2004

附錄

情緒急救站

　　顧名思義，〈情緒急救站〉為讀者提供一些簡單快捷的練習，讓大家嘗試在日常生活中學懂留意並覺察自己的情緒變化，在情緒出現時能夠作出更適當的調整，與情緒共處。本附錄共包含五個部分：情緒溫度計、鬆弛練習、靜觀練習、其他練習，以及 ABC 工作紙。

第一部分：情緒溫度計

　　情緒溫度計可以幫助我們分辨自己感受到的情緒強度，從而學習留意自己的情緒，提升情緒敏感度，並作出合適調節。大家可以參考以下列表：

情緒強度	反應	行動
低	• 情緒出現； • 有時會伴隨心跳加速，呼吸急速等身體反應。	• 靜靜留意自己的心情變化； • 辨認自己正在經歷甚麼情緒，容許自己有情緒； • 留意令自己情緒出現變化的人、事、物。
中	• 情緒和身體反應變得明顯。	• 離開現場； • 用不同的方法分散注意力，例如看電視、聽音樂、到公園散步； • 運用鬆弛練習，如腹式呼吸法等； • 留意令自己情緒變得強烈的源頭，是出現了一些想法？影像？過去的事情？是某個人 / 某些行為 / 説話？
高	• 情緒進一步加強，影響我們的訊息處理和判斷。	• 運用快速降溫方法，例如用較冷的水洗臉或洗手。或是將冷凍包放在臉上30秒（註：太冷的水可能會快速令你的心跳在短暫時間內減慢，使用此法時請小心留意身體狀況）； • 用感官刺激，轉移注意力，例如立刻喝一口水、拿一塊冰、抓住一件物件等，感覺當刻身體接觸物件時的感覺； • 稍微冷靜下來後離開現場，並嘗試配合呼吸法放慢自己呼吸的節奏。

第二部分：鬆弛練習[1]

1. 腹式呼吸練習

腹式呼吸法可以幫助我們將專注力放在呼吸上，有節奏而緩慢的呼吸，以及腹部的起伏，有助我們進入放鬆狀態。

動作大致如下：

步驟：

1. 先找一個舒服的姿勢，可以是平躺或坐着，請稍為放鬆身體，如聳聳肩、伸伸手腳。

2. 開始練習時，將一隻手放在胸口上，另一隻放在腹部近肚臍的位置。

3. 慢慢吸氣，讓空氣隨着鼻腔流入肺部；吸氣期間，你的腹部會慢慢脹起，放在腹部上的手亦會跟着升高。相反，放在胸口上的手應只有輕微上升或保持不動。

1　第二、三、四部分的練習，均可參考相關網絡資源以協助進行。如有疑問，請向專業人士查詢。

4. 慢慢呼氣，可根據喜好使用鼻或口呼氣，腹部應隨着鼻或口腔呼出空氣而慢慢回復原狀。同樣地，放在胸口上的手應只有輕微下降或保持不動。

練習重點：

- 慢呼吸。練習時，多留意自己呼吸速度，如一至兩秒內完成一個呼吸，就太快了。剛開始練習時，可先放慢至每一下吸氣或呼氣比平時多兩秒，隨後慢慢延長。留意「慢」並無必然標準，可嘗試探索自己最慢的呼吸是怎樣，並以該速度能否帶來舒適感來判斷。如有需要，應向專業人士查詢。

- 一開始練習時感到不習慣是人之常情，只要我們持之以恒，就會習慣成自然。

- 在每天的練習中，增加自己對呼吸的覺察，留意自己的情緒起伏和身體反應。

2. 肌肉鬆弛練習

當我們感到緊張或有壓力時，肌肉會不自覺地收緊。長期的肌肉收緊，令我們不用做大量運動都全身痠痛。我們可以藉着肌肉放鬆練習來紓緩。

肌肉鬆弛練習的原理為：透過有系統地先收緊、後放鬆不同的肌肉，造成反差，幫助我們察覺不同部位肌肉繃緊的狀況，來讓肌肉鬆弛。

進行練習時，嘗試留意肌肉收縮時的緊張感，以及之後放鬆肌肉所帶來暖暖的、麻痺的，甚至有一點像針刺的感覺，過程中不舒服或痠痛感覺會持續一段很短的時間，然後逐漸消退。當然，如果有任何極度不適的情況，請停止練習並尋求醫生或專業人士協助。

- **心態調整**：不需要強迫自己放鬆，亦毋須控制自己的思緒及情緒。讓自己在這個時間裏不擔心任何事情（無論是過去的或未發生的），只是集中留意一緊一鬆的感覺。無論你在這次練習中「表現」如何，都不要緊。

- **準備動作**：開始前，請找一個安靜的地方，選擇一個舒服的坐姿或臥姿，先做三個腹式呼吸，放鬆並留意自己身體的感覺。儘量避免在飯後立即進行此練習，亦請在練習之前，脫下手飾 / 手錶，以免受傷。

- **動作節奏**：每一組動作都跟從「先緊後鬆」的大原則，收緊時間短，約 5 秒；放鬆時間長，約 10 秒，讓身體有時間記住放鬆的感覺。

- **適可而止**：有部分朋友身體有舊患或痛症，當做到該身體部位的動作，請大家量力而為，必要時就跳過動作。我們的目標是放鬆，不是令自己受傷。

肌肉鬆弛練習步驟：

1. 用力抓緊拳頭，維持 5 秒左右，然後立刻放鬆手，維持大約 10 秒左右。無論收緊或放鬆，請好好留意手掌的不同感覺。

2. 將前臂拉向自己膊頭，以前臂力量收緊二頭肌，大約 5 秒後，放鬆 10 秒。

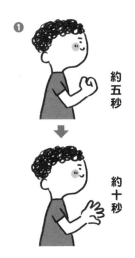

約五秒

約十秒

3. 縮起膊頭，將膊頭儘量貼向耳朵，收緊 5 秒，然後放鬆 10 秒。

4. 將眉毛向上揚起，感覺自己的額頭皺起來，收緊 5 秒，然後放鬆 10 秒。

5. 閣上眼睛，收緊眼皮肌肉（讓眼睛瞇起來）5 秒，然後放鬆 10 秒。

6. 上下排牙齒合起來（咬緊牙關），稍微用力 5 秒，然後放鬆 10 秒，之後應感到牙骹軟軟的。

7. 將頭向後傾，直到一個感到後頸肌肉拉扯的位置，便暫停後傾，感覺後頸四周肌肉收緊 5 秒，然後慢慢放鬆 10 秒。

8. 將頭往前傾，儘量將下巴貼到胸口位置，感受頸部前方收緊的感覺，收緊 5 秒，然後放鬆 10 秒，讓頭慢慢回到原位。

9. 雙手手肘向後拉到背後，背部應有拉緊的感覺，接着讓兩邊肩胛骨向着彼此拉近，收緊 5 秒，然後放鬆 10 秒。

10.慢慢吸氣，讓胸口脹起，感到胸骨、胸口擴張，肌肉拉緊 5 秒，然後呼氣放鬆 10 秒。

11.縮起肚皮，感覺肚皮收緊 5 秒，然後放鬆 10 秒。

12.將雙腳伸前，與盤骨成一直線，將腳掌向自己的方向拉，應感覺後小腿收緊 5 秒，然後放鬆 10 秒。

13.將雙腳伸前，與盤骨成一直線，這次將腳掌向自己的反方向拉，大腿和前小腿收緊 5 秒，然後放鬆 10 秒。

14.最後，放鬆全身肌肉，維持坐或臥的姿勢，讓自己好好感受一下全身放鬆的感覺。

⑫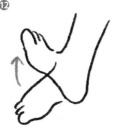

⑬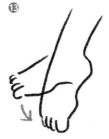

第三部分：靜觀練習

靜觀，就是靜靜觀察的意思。靜觀練習可以在任何時間、地方、活動進行。以下是靜觀練習的四大重點：

- **有意識**：有意識地將注意力放在靜觀的部分，例如身體感覺、進行中的動作或活動。

- **不加批判**：腦袋總是很活躍，作為「問題解決機器」，它會很跳脫地在「過去」的經驗和「未來」的計劃遊走，以裝備我們更快地處理當前的問題。嘗試以靜觀練習叫停腦袋，不加批判地「觀察」自己身體的不同反應，純粹地形容、留意身體感覺，以及周遭事物的外型、觸感、氣味等，放下其他評價（如「我很喜歡」「這很噁心」等）。

- **好奇**：請保持一份好奇心，彷彿自己從來沒有認識過自己的身體 / 眼前的物件。

- **專注當下**：通過探索五感（視覺、聽覺、觸覺、嗅覺、味覺），跟自己的身體、情緒、感覺、他人和世界連結。嘗試停留在此時此刻的感覺。

日常工作間靜觀練習

只要大家能夠掌握靜觀的四大重點，很多日常活動都可以作為練習，例如：

I. 靜觀洗手

嘗試專注在洗手這個動作上，感覺水經過手的流動、衝力，

水的溫度，雙手擦拭洗手液時的感覺。同時，可聽聽流水的聲音大小、水聲的形態，嗅嗅水、洗手液的味道。

II. 靜觀步行

留意自己的步伐，仔細分辨腳掌跟鞋子及地面接觸時的觸感。

走每一步時，都有意識地提高腳掌，先利用腳踭觸碰地面，再慢慢隨着步伐，將前腳掌緩緩放在地面，身體重心由一隻腳轉移到另一隻腳，可將注意力集中在雙腳的動作及感覺上，比如肌肉的收緊與放鬆，或是腳掌跟鞋子與地面接觸時的感覺和動態。

III. 靜觀喝水

拿起一杯水，觀察杯子和水的顏色、形狀、質感等。感覺手拿着杯子時的觸感、水隔着杯子的溫度。把水杯移近口鼻，可以嗅一嗅水的味道，雖然一般白開水沒有強烈的氣味，但不同類型的水源，如礦泉水、蒸餾水等，其實都散發着不同的味道。

喝水時，留意水觸碰嘴唇的感覺。因嘴唇比起身體其他部分擁有較多觸覺神經細胞，所以能接收更微細的感覺。留意水觸碰嘴唇後，進入口腔、經過喉嚨、慢慢流進食道的過程，感覺當中的細微變化。嘗試用好奇的心，細細留意喝水這個動作為你帶來的官能感受。

練習小貼士

過程中若注意到自己分了心，不要緊，可溫柔地提醒自己，將注意力重新集中在靜觀練習上。練習時間長短亦不是非常重要，只要有耐心地保持規律練習，例如每天練幾分鐘，便可以幫助自己充電。

第四部分：其他練習

腦袋承受壓力時，容易產生各種各樣不同的情緒，以下三個步驟，有助我們與當下連結，重新專注自己的感覺！

I. 觀察自己的思緒和情緒

嘗試留意自己的各種情緒，例如「擔憂」、「焦慮」、「憤怒」、「自責」、「感動」等等。感受這些情緒、感受在你腦海中的存在，並用不加任何批判的態度來觀察這些情感。

II. 探索自己的身體

透過一些小活動令自己與身體重新連結，例如：

- 伸展一下手腳；

- 深呼吸；

- 站起來動幾下；

- 有意識地把雙腳踏在地上，感受腳掌跟鞋子及地面的接觸、身體重心的微移等；

- 拉直身體。

III. 重新專注在所做的事情上

注意自己當下所在的位置，以及正在做的事情，嘗試重新專注於自己需要處理的工作任務上。

第五部分：ABC 工作紙

所謂 ABC 工作紙其實就是思想紀錄，在情緒出現轉變時，記錄以下三方面的資訊：

- 事件（A：Activating Event or Situation）；

- 信念及想法（B：Beliefs and Thoughts）；

- 後果：情緒／感覺和行為（C：Consequences/Feelings and Behaviors）。

你也可以試試在工作紙的空白位置，記下那些令你情緒出現變化的事情，並將自己當時的想法、情緒和行為寫下來。

事件（A）	理念及想法（B）	情緒／感覺和行為（C）

透過填寫 ABC 工作紙，我們可以幫助自己留意情緒改變及箇中原因，認識是甚麼令自己特別敏感，並了解多一點自己的想法和信念。

例子：

事件（A）	理念及想法（B）	情緒／感覺和行為（C）
在街上被路人撞到，路人不顧而去。	那個人是故意撞我的，他本來就是一個沒禮貌的人。	• 憤怒、不滿； • 很想向他大罵； • 怒視該路人。
在街上被路人撞到，路人不顧而去。	那個人很趕時間，只看着前面，沒有留意到自己撞到我。	• 平靜、無感覺； • 繼續向前走，很快就忘記了剛才的事。

前言

APA Div. 12 (Society of Clinical Psychology. (2017, July 31). *How do I know if I need therapy?*. American Psychological Association. https://www.apa.org/ptsd-guideline/patients-and-families/seeking-therapy

Caesens, G., Stinglhamber, F., & Luypaert, G. (2014). The impact of work engagement and workaholism on well-being: The role of work-related social support. *Career Development International, 19*(7), 813–835. https://doi.org/10.1108/CDI-09-2013-0114

Duffy, R. D., Dik, B. J., Douglass, R. P., England, J. W., & Velez, B. L. (2018). Work as a Calling: A Theoretical Model. *Journal of Counseling Psychology, 65*(4), 423–439. https://doi.org/10.1037/cou0000276

Harte, Colin, and Dermot Barnes-Holmes, 'A Primer on Relational Frame Theory', in Michael P. Twohig, Michael E. Levin, and Julie M. Petersen (eds), *The Oxford Handbook of Acceptance and Commitment Therapy* (online edn, Oxford Academic, 10 Nov. 2021), https://doi-org.proxy.lib.uwaterloo.ca/10.1093/oxfordhb/9780197550076.013.4, accessed 28 Apr. 2023.

Linehan, M. M. (2015). *DBT® skills training manual* (2nd ed.). Guilford Press.

Luciano, Carmen, Niklas Törneke, and Francisco J. Ruiz, 'Clinical Behavior Analysis and RFT: Conceptualizing Psychopathology and Its Treatment', in Michael P. Twohig, Michael E. Levin, and Julie M. Petersen (eds), *The Oxford*

Handbook of Acceptance and Commitment Therapy (online edn, Oxford Academic, 10 Nov. 2021), https://doi-org.proxy.lib.uwaterloo.ca/10.1093/oxfordhb/9780197550076.013.5, accessed 28 Apr. 2023.

Nozaki, Y., & Mikolajczak, M. (2020). Extrinsic emotion regulation. *Emotion (Washington, D.C.)*, *20*(1), 10–15. https://doi.org/10.1037/emo0000636

Rathus, J. H., & Miller, A. L. (2015). *DBT®skills manual for adolescents*. Guilford Press.

Schaufeli, W. B., Taris, T. W., & van Rhenen, W. (2008). Workaholism, Burnout, and Work Engagement: Three of a Kind or Three Different Kinds of Employee Well-being? *Applied Psychology*, *57*(2), 173–203. https://doi.org/10.1111/j.1464-0597.2007.00285.x

Ten Brummelhuis, L. L., Rothbard, N. P., & Uhrich, B. (2017). Beyond Nine To Five: Is Working To Excess Bad For Health? *Academy of Management Discoveries*, *3*(3), 262–283. https://doi.org/10.5465/amd.2015.0115

1.1

Beck, J. S. (2020). *Cognitive behavior therapy: Basics and beyond*. Guilford Publications.

Bennett-Levy, J. E., Butler, G. E., Fennell, M. E., Hackman, A. E., Mueller, M. E., & Westbrook, D. E. (2004). *Oxford guide to behavioural experiments in cognitive therapy*. Oxford University Press.

1.2

Brown, J. D., & Marshall, M. A. (2001). Self-esteem and emotion: Some thoughts about feelings. *Personality and Social Psychology Bulletin*, *27*(5), 575-584.

Cheung, C. K., Cheung, H. Y. & Hue, M. T. (2015). Emotional Intelligence as a Basis for Self-Esteem in Young Adults, *The Journal of Psychology, 149*(1), 63-84, https://doi.org/10.1080/00223980.2013.838540

Harber, K. D. (2005). Self-esteem and affect as information. *Personality and Social Psychology Bulletin, 31*(2), 276-288.

Nezlek, J. B., & Kuppens, P. (2008). Regulating positive and negative emotions in daily life. *Journal of personality, 76*(3), 561-580.

Velotti, P., Garofalo, C., Bottazzi, F., & Caretti, V. (2018). Faces of shame: Implications for self-esteem, emotion regulation, aggression, and wellbeing. In *Emotions and their influence on our personal, interpersonal and social experiences* (pp. 87-100). Routledge.

1.3

Fishbach, A. & Woolley, K. (2022). The Structure of Intrinsic Motivation. *Annual Review of Organizational Psychology and Organizational Behavior, 9*(1), 339–363. https://doi.org/10.1146/annurev-orgpsych-012420-091122

Klingsieck, K. B. (2013). Procrastination: When Good Things Don't Come to Those Who Wait. *European Psychologist, 18*(1), 24–34. https://doi.org/10.1027/1016-9040/a000138

Metin, U. B., Taris, T. W., Peeters, M. C. W., Korpinen, M., Smrke, U., Razum, J., Kolářová, M., Baykova, R., & Gaioshko, D. (2020). Validation of the Procrastination at Work Scale: A Seven-Language Study. *European Journal of Psychological Assessment : Official Organ of the European Association of Psychological Assessment, 36*(5), 767–776. https://doi.org/10.1027/1015-5759/a000554

Wang, Li, C., Meng, X., & Liu, D. (2021). Validation of the Chinese Version of the Procrastination at Work Scale. *Frontiers in Psychology, 12*, 726595–726595. https://doi.org/10.3389/fpsyg.2021.726595

1.4

Graham Cole. (2016). Controlling the boundaries: how to minimize the negative impact of working outside regular hours. *Human Resource Management International Digest , 24*(6), 15–17. https://doi.org/10.1108/HRMID-06-2016-0085

Hülsheger, U. R., Alberts, H. J. E. M., Feinholdt, A., & Lang, J. W. B. (2013). Benefits of Mindfulness at Work: The Role of Mindfulness in Emotion Regulation, Emotional Exhaustion, and Job Satisfaction. *Journal of Applied Psychology, 98*(2), 310–325. https://doi.org/10.1037/a0031313

Kossek, E. E. (2016). Managing work life boundaries in the digital age. *Organizational Dynamics, 45*(3), 258–270. https://doi.org/10.1016/j.orgdyn.2016.07.010

Pluut, H., & Wonders, J. (2020). Not Able to Lead a Healthy Life When You Need It the Most: Dual Role of Lifestyle Behaviors in the Association of Blurred Work-Life Boundaries With Well-Being. *Frontiers in Psychology, 11*, 607294–607294. https://doi.org/10.3389/fpsyg.2020.607294

1.5

Alba-Juez, L., & Pérez-González, J.-C. (2019). Emotion and language 'at work': The relationship between trait emotional intelligence and communicative competence as manifested at the workplace. In J. L. Mackenzie & L. Alba-Juez (Eds.), *Emotion in discourse* (pp. 247–278). John Benjamins Publishing Company. https://doi.org/10.1075/pbns.302.10alb

Ashkanasy, N. M., & Dorris, A. D. (2017). Emotions in the workplace. *Annual Review of Organizational Psychology and Organizational Behavior, 4*, 67-90.

Jameson, J. K., Bodtker, A. M., & Linker, T. (2010). Facilitating conflict transformation: Mediator strategies for eliciting emotional communication in a workplace conflict. *Negotiation Journal, 26*(1), 25-48.

Mathieu, M., Eschleman, K. J., & Cheng, D. (2019). Meta-analytic and multiwave comparison of emotional support and instrumental support in the workplace. *Journal of occupational health psychology, 24*(3), 387.

Tracy, S. J., & Redden, S. M. (2019). The structuration of emotion. *Origins and Traditions of Organizational Communication*, 348-369.

1.6

Alali, T. (2016). The relationship between anxiety, depression and hopelessness among nonclinical sample. *European Psychiatry, 33*(S1), S156-S156.

Childs, J. H., & Stoeber, J. (2017). Do you want me to be perfect? Two longitudinal studies on socially prescribed perfectionism, stress and burnout in the workplace. *In Longitudinal Research in Occupational Health Psychology* (pp. 114-131). Routledge.

Cho, H. T., & Yang, J. S. (2018). How perceptions of organizational politics influence self-determined motivation: The mediating role of work mood. *Asia Pacific Management Review, 23*(1), 60-69.

Harari, D., Swider, B. W., Steed, L. B., & Breidenthal, A. P. (2018). Is perfect good? A meta-analysis of perfectionism in the workplace. *Journal of Applied Psychology, 103*(10), 1121.

Ozbilir, T., Day, A., & Catano, V. M. (2015). Perfectionism at Work: An Investigation of Adaptive and Maladaptive Perfectionism in the Workplace among C anadian and T urkish Employees. *Applied Psychology, 64*(1), 252-280.

Starr, L. R., & Davila, J. (2012). Responding to anxiety with rumination and hopelessness: mechanism of anxiety-depression symptom cooccurrence?. *Cognitive therapy and research, 36*, 321-337.

Sutter-Brandenberger, C. C., Hagenauer, G., & Hascher, T. (2018). Students' self-determined motivation and negative emotions in mathematics in lower secondary education—Investigating reciprocal relations. *Contemporary Educational Psychology, 55*, 166-175.

1.7

Carroll, L. (2013). Problem-Focused Coping, In: Gellman, M.D., Turner, J.R. (eds) *Encyclopedia of Behavioral Medicine.* Springer, New York, NY. https://doi.org/10.1007/978-1-4419-1005-9_1171

Chao, R. C.(2011). Managing Stress and Maintaining Well-Being: Social Support, Problem-Focused Coping, and Avoidant Coping. *Journal of Counseling and Development, 89* (3), 338–348. https://doi.org/10.1002/j.1556-6678.2011.tb00098.x

Chen, S.-M., & Sun, P.-Z. (2019). Gender differences in the interaction effect of cumulative risk and problem-focused coping on depression among adult employees. *PLoS ONE, 14*(12). https://doi.org/10.1371/journal.pone.0226036

Ford, Lappi, S. K., O'Connor, E. C., & Banos, N. C. (2017). Manipulating humor styles: Engaging in self-enhancing humor reduces state anxiety. *Humor (Berlin, Germany), 30* (2), 169–191. https://doi.org/10.1515/humor-2016-0113

Hasanzadeh, & Shahmohamadi, F. (2011). Study of Emotional Intelligence and Learning Strategies. *Procedia, Social and Behavioral Sciences, 29*, 1824–1829. https://doi.org/10.1016/j.sbspro.2011.11.430

Kremer, T., Mamede, S., van den Broek, W.W., Schmidt, H. G., Nunes, M.D.P., & Martins, M. A. (2019). Influence of negative emotions on residents' learning of scientific information: an experimental study. *Perspectives on medical education, 8*, 209-215.

Lin, Mutz, J., Clough, P. J., & Papageorgiou, K. A. (2017). Mental Toughness and Individual Differences in Learning, Educational and Work Performance, Psychological Well-being, and Personality: A Systematic Review. *Frontiers in Psychology, 8*, 1345–1345. https://doi.org/10.3389/fpsyg.2017.01345

Tyng, Amin, H. U., Saad, M. N. M., & Malik, A. S. (2017). The Influences of Emotion on Learning and Memory. *Frontiers in Psychology, 8*, 1454–1454. https://doi.org/10.3389/fpsyg.2017.01454

2.1

Beck, J. S. (2020). *Cognitive behavior therapy: Basics and beyond.* Guilford Publications.

2.2

Beaudreau, S. A., Gould, C. E., Mashal, N. M., Huh, J. T., & Fairchild, J. K. (2019). Application of problem solving therapy for late-life anxiety. *Cognitive and Behavioral Practice, 26*(2), 381-394.

Cuijpers, P., de Wit, L., Kleiboer, A., Karyotaki, E., & Ebert, D. D. (2018). Problem-solving therapy for adult depression: An updated meta-analysis. *European Psychiatry, 48*(1), 27–37. doi:10.1016/j.eurpsy.2017.11.006

Dugas, M. J., & Koerner, N. (2005). Cognitive-Behavioral Treatment for Generalized Anxiety Disorder: Current Status and Future Directions. *Journal of Cognitive Psychotherapy, 19*(1), 61–81. https://doi.org/10.1891/jcop.19.1.61.66326

Mynors-Wallis, L. (2005). *Problem-solving treatment for anxiety and depression: A practical guide*. Oxford university press.

Pawluk, E. J., Koerner, N., Tallon, K., & Antony, M. M. (2017). Unique Correlates of Problem Solving Effectiveness in Individuals with Generalized Anxiety Disorder. *Cognitive Therapy and Research, 41*(6), 881-890. https://doi.org/10.1007/s10608-017-9861-x

2.3

Beck, J. S. (2020). *Cognitive behavior therapy: Basics and beyond*. Guilford Publications.

2.5

Ozcelik, H., & Barsade, S. G. (2018). No Employee an Island: Workplace Loneliness and Job Performance. *Academy of Management Journal, 61*(6), 2343–2366. https://doi.org/10.5465/amj.2015.1066

Jeste, D. V., Nguyen, T. T., & Donovan, N. J. (Eds.). (2022). *Loneliness: Science and practice*. American Psychiatric Association Publishing.

Silard, A. & Wright, S. (2022). Distinctly lonely: how loneliness at work varies by status in organizations. *Management Research News, 45*(7), 913–928. https://doi.org/10.1108/MRR-05-2021-0379

Wright, S. & Silard, A. (2021). Unravelling the antecedents of loneliness in the workplace. *Human Relations (New York) , 74*(7), 1060–1081. https://doi.org/10.1177/0018726720906013

Yildiz, & Duyan, V. (2022). Effect of group work on coping with loneliness. *Social Work with Groups (New York. 1978), 45*(2), 132–144. https://doi.org/10.1080/01609513.2021.1990192

2.6

Brady, D. L., Brown, D. J., & Liang, L. H. (2017). Moving Beyond Assumptions of Deviance: The Reconceptualization and Measurement of Workplace Gossip. *Journal of Applied Psychology, 102*(1), 1–25. https://doi.org/10.1037/apl0000164

Dai, Y., Zhuo, X., Hou, J., & Lyu, B. (2022). Is not workplace gossip bad? The effect of positive workplace gossip on employee innovative behavior. *Frontiers in Psychology, 13*, 1017202–1017202. https://doi.org/10.3389/fpsyg.2022.1017202

Eisenberger, N. I., Lieberman, M. D., & Williams, K. D. (2003). Does rejection hurt? An FMRI study of social exclusion. *Science (New York, N.Y.)* , *302*(5643), 290–292. https://doi.org/10.1126/science.1089134

Hamlin, J. K., Wynn, K., Bloom, P., & Mahajan, N. (2011). How infants and toddlers react to antisocial others. *Proceedings of the National Academy of Sciences of the United States of America, 108*(50), 19931–19936. https://doi.org/10.1073/pnas.1110306108

Holt-Lunstad, J., Smith, T. B., Baker, M., Harris, T., & Stephenson, D. (2015). Loneliness and social isolation as risk factors for mortality: a meta-analytic review. *Perspectives on psychological science, 10*(2), 227–237. https://doi.org/10.1177/1745691614568352

Sun, T., Schilpzand, P., & Liu, Y. (2023). Workplace gossip: An integrative review of its antecedents, functions, and consequences. *Journal of Organizational Behavior, 44*(2), 311–334. https://doi.org/10.1002/job.2653

Waddington, K. (2005). Using diaries to explore the characteristics of work-related gossip: Methodological considerations from exploratory multimethod research. *Journal of Occupational and Organizational Psychology, 78*(2), 221–236. https://doi.org/10.1348/096317905X40817

Zhou, X., Fan, L., Cheng, C., & Fan, Y. (2021). When and Why Do Good People Not Do Good Deeds? Third-Party Observers' Unfavorable Reactions to Negative Workplace Gossip. *Journal of Business Ethics, 171*(3), 599–617. https://doi.org/10.1007/s10551-020-04470-z

2.7

Balsari-Palsule, S., Little, B.R. (2020). Quiet Strengths: Adaptable Introversion in the Workplace. In: Schmidt, L.A., Poole, K.L. (eds) *Adaptive Shyness*. Springer, Cham. https://doi.org/10.1007/978-3-030-38877-5_10

Blevins, D. P., Stackhouse, M. R. D., & Dionne, S. D. (2022). Righting the balance: Understanding introverts (and extraverts) in the workplace. *International Journal of Management Reviews : IJMR, 24*(1), 78–98. https://doi.org/10.1111/ijmr.12268

Farrell, M. (2017). Leadership Reflections: Extrovert and Introvert Leaders. *Journal of Library Administration, 57*(4), 436–443. https://doi.org/10.1080/019 30826.2017.1300455

Herbert, J., et al. (2023). Personality diversity in the workplace: A systematic literature review on introversion. *Journal of Workplace Behavioral Health*, 1–23. https://doi.org/10.1080/15555240.2023.2192504

Mascone, C. F. (2016). The Introverted Leader - An Oxymoron? *Chemical Engineering Progress, 112*(11), 3–3.

McCord, M. A., & Joseph, D. L. (2020). A framework of negative responses to introversion at work. *Personality and Individual Differences, 161*, 109944. https://doi.org/10.1016/j.paid.2020.109944

Tuovinen, S., Tang, X., & Salmela-Aro, K. (2020). Introversion and Social Engagement: Scale Validation, Their Interaction, and Positive Association With Self-Esteem. *Frontiers in Psychology, 11*, 590748–590748. https://doi.org/10.3389/fpsyg.2020.590748

Wu, C., & Yao, G. (2008). Psychometric analysis of the short-form UCLA Loneliness Scale (ULS-8) in Taiwanese undergraduate students. *Personality and Individual Differences, 44*(8), 1762–1771. https://doi.org/10.1016/j.paid.2008.02.003

Xu, S., Qiu, D., Hahne, J., Zhao, M., & Hu, M. (2018). Psychometric properties of the short-form UCLA Loneliness Scale (ULS-8) among Chinese adolescents. *Medicine, 97*(38), e12373. https://doi.org/10.1097/MD.0000000000012373

Zhou L., Li Z., Hu M., et al. (2012). Reliability and validity of ULS-8 loneliness scale in elderly samples in a rural community[J]. *Journal of Central South University (Medical Science), 37*(11):1124-1128. https://doi.org/10.3969/j.issn.1672-7347.2012.11.008.

3.1

Barley, S. R., Meyerson, D. E., & Grodal, S. (2011). E-mail as a source and symbol of stress. *Organization Science, 22*(4), 887-906.

Clark, S. C. (2000). Work/Family Border Theory: A New Theory of Work/Family Balance. *Human Relations, 53*(6), 747–770. https://doi.org/10.1177/0018726700536001

Coffey, A. J. (1994). Timing is everything'; graduate accountants, time and organizational commitment. *Sociology, 28*(4), 943-956.

Frone, M. R., Yardley, J. K., & Markel, K. S. (1997). Developing and testing an integrative model of the work–family interface. *Journal of vocational behavior, 50*(2), 145-167.

Lewis, S., Smithson, J., & Kugelberg, C. (2002). Into work: job insecurity and changing psychological contracts. *Young Europeans, work and family*, 69-88.

Parasuraman, S., Purohit, Y. S., Godshalk, V. M., & Beutell, N. J. (1996). Work and family variables, entrepreneurial career success, and psychological well-being. *Journal of vocational behavior, 48*(3), 275-300.

Rosenbaum, J. E. (1979). Tournament mobility: Career patterns in a corporation. *Administrative science quarterly*, 220-241.

3.2

Alberti, R., & Emmons, M. (1970). *Your perfect right: A guide to assertive behavior*. San Luis Obispo, CA: Impact Press

Pipas, M. D., & Jaradat, M. (2010). Assertive communication skills. *Annales Universitatis Apulensis: Series Oeconomica, 12*(2), 649.

3.5

Ashkanasy, N. M.,& Dorris, A. D. (2017). Emotions in the Workplace. *Annual Review of Organizational Psychology and Organizational Behavior, 4*(1), 67–90. https://doi.org/10.1146/annurev-orgpsych-032516-113231

Bar-On, R. (2000). Emotional and social intelligence: Insights from the Emotional Quotient Inventory. In R. Bar-On & J. D. A. Parker (Eds.), *The handbook of emotional intelligence: Theory, development, assessment, and application at home, school, and in the workplace* (pp. 363–388).

Jossey-Bass/Wiley. Luutonen, S. (2007). Anger and depression-Theoretical and clinical considerations. *Nordic Journal of Psychiatry, 61*(4), 246–251. https://doi.org/10.1080/08039480701414890

Slaughter, J. E., Christian, M. S., Podsakoff, N. P., Sinar, E. F., & Lievens, F.(2014). On the Limitations of Using Situational Judgment Tests to Measure Interpersonal Skills: The Moderating Influence of Employee Anger: PERSONNEL PSYCHOLOGY. *Personnel Psychology , 67*(4), 847–885. https://doi.org/10.1111/peps.12056

Veenstra, L., Bushman, B. J., & Koole, S. L. (2018). The facts on the furious: a brief review of the psychology of trait anger. *Current Opinion in Psychology, 19*, 98–103. https://doi.org/10.1016/j.copsyc.2017.03.014

3.6

Chu, L. (2014). Mediating toxic emotions in the workplace - the impact of abusive supervision. *Journal of Nursing Management, 22*(8), 953–963. https://doi. org/10.1111/jonm.12071

Feinberg, M., Ford, B. Q., & Flynn, F. J. (2020). Rethinking reappraisal: The double-edged sword of regulating negative emotions in the workplace. *Organizational Behavior and Human Decision Processes, 161*, 1–19. https:// doi.org/10.1016/j.obhdp.2020.03.005

Fitness, J. (2000). Anger in the workplace: an emotion script approach to anger episodes between workers and their superiors, co-workers and subordinates. *Journal of Organizational Behavior, 21*(2), 147–162. https://doi.org/10.1002/ (SICI)1099-1379(200003)21:2<147::AIDJOB35>3.0.CO;2-T

Hwang, Y., Shi, X. (Crystal), & Wang, X. (2021). Hospitality employees' emotions in the workplace: a systematic review of recent literature. *International Journal of Contemporary Hospitality Management, 33*(10), 3752–3796. https://doi. org/10.1108/IJCHM-12-2020-1426

4.1

Bhagat, R. S., Krishnan, B., Nelson, T. A., Moustafa Leonard, K., Ford Jr, D. L., & Billing, T. K. (2010). Organizational stress, psychological strain, and work outcomes in six national contexts: a closer look at the moderating influences of coping styles and decision latitude. *Cross Cultural Management: An International Journal, 17*(1), 10-29.

Brodsky, C. M. (1976). *The harassed worker*. DC Heath & Co.

Einarsen, S., & Raknes, B. I. (1997). Harassment in the workplace and the victimization of men. *Violence and victims, 12*(3), 247-263.

Johan Hauge, L., Skogstad, A., & Einarsen, S. (2007). Relationships between stressful work environments and bullying: Results of a large representative study. *Work & stress, 21*(3), 220-242.

Karatuna, I. (2015). Targets' coping with workplace bullying: a qualitative study. *Qualitative Research in Organizations and Management: An International Journal, 10*(1), 21-37.

Lazarus, R. S., & Folkman, S. (1984). Stress, appraisal, and coping. Springer publishing company.

Mak, A. S., & Mueller, J. (2000). Job insecurity, coping resources and personality dispositions in occupational strain. *Work & Stress, 14*(4), 312-328.

Vartia, M. A. (2001). Consequences of workplace bullying with respect to the well-being of its targets and the observers of bullying. *Scandinavian journal of work, environment & health*, 63-69.

Carver, C. S., & Connor-Smith, J. K. (2010). Personality and coping. *Annual Review of Psychology*, 61(1), 679–704. https://doi.org/10.1146/annurev. psych.093008.100352

Baillien, E., Neyens, I., De Witte, H., & De Cuyper, N. (2008). A qualitative study on the development of workplace bullying: Towards a three way model. *Journal of Community & Applied Social Psychology*, 19(1), 1–16. https://doi. org/10.1002/casp.977

4.3

Jainish Patel, Prittesh Patel (2019) Consequences of Repression of Emotion: Physical Health, Mental Health and General Well Being. *International Journal of Psychotherapy Practice and Research* - 1(3):16-21. https://doi. org/10.14302/issn.2574-612X.ijpr-18-2564

(N.d.). https://psychcentral.com/blog/why-you-need-to-stop-avoiding-conflictand-what-to-do-instead#consequences-of-avoiding-conflict

4.4

Mellner, C. (2016). After-hours availability expectations, work-related smartphone use during leisure, and psychological detachment: The moderating role of boundary control. *International Journal of Workplace Health Management*, 9(2), 146-164.

Paul, R. J., Niehoff, B. P., & Turnley, W. H. (2000). Empowerment, expectations, and the psychological contract—managing the dilemmas and gaining the advantages. *The Journal of Socio-Economics, 29*(5), 471-485.

4.5

Anderson, C. J. (2003). The Psychology of Doing Nothing: Forms of Decision Avoidance Result From Reason and Emotion. *Psychological Bulletin, 129*(1), 139–167. https://doi.org/10.1037/0033-2909.129.1.139

Gibaldi, C., & Cusack, G. (2019). Fear in the Workplace. *Review of Business, 39*(1).

Grosse Holtforth, M. (2008). Avoidance motivation in psychological problems and psychotherapy. *Psychotherapy Research, 18*(2), 147-159.

Kish-Gephart, J. J., & Breaux-Soignet, D. M. (2013). Fear and silence in the workplace. *RJ Burke & c. LC CBE (Eds.), Voice and whistleblowing in organizations*, 92-110.

Leventhal, A. M. (2008). Sadness, depression, and avoidance behavior. *Behavior modification, 32*(6), 759-779.

4.6

Barber, L., Grawitch, M. J., & Munz, D. C. (2013). Are better sleepers more engaged workers? A self-regulatory approach to sleep hygiene and work engagement. *Stress and Health, 29*(4), 307-316.

Brown, F. C., Buboltz, W. C., & Soper, B. (2002). Relationship of Sleep Hygiene Awareness, Sleep Hygiene Practices, and Sleep Quality in University Students. *Behavioral Medicine (Washington, D.C.) , 28*(1), 33–38. https://doi.org/10.1080/08964280209596396

Irish, L. A., Kline, C. E., Gunn, H. E., Buysse, D. J., & Hall, M. H. (2015). The role of sleep hygiene in promoting public health: A review of empirical evidence. *Sleep Medicine Reviews, 22*, 23–36. https://doi.org/10.1016/j.smrv.2014.10.001

Rider, E. A., & Keefer, C. H. (2006). Communication skills competencies: definitions and a teaching toolbox. *Medical education, 40*(7), 624-629.

Stepanski, E. J., & Wyatt, J. K. (2003). Use of sleep hygiene in the treatment of insomnia. *Sleep Medicine Reviews, 7*(3), 215–225. https://doi.org/10.1053/smrv.2001.0246

5.1

Becker-Asano, C., & Wachsmuth, I. (n.d.). Affect Simulation with Primary and Secondary Emotions. In *Intelligent Virtual Agents* (pp. 15–28). Springer Berlin Heidelberg. https://doi.org/10.1007/978-3-540-85483-8_2

Braniecka, A., Trzebińska, E., Dowgiert, A., & Wytykowska, A. (2014). Mixed emotions and coping: the benefits of secondary emotions. *PloS One, 9*(8), e103940–e103940. https://doi.org/10.1371/journal.pone.0103940

Gu, S., Wang, F., Patel, N. P., Bourgeois, J. A., & Huang, J. H. (2019). A Model for Basic Emotions Using Observations of Behavior in Drosophila. *Frontiers in Psychology, 10*, 781–781. https://doi.org/10.3389/fpsyg.2019.00781

Matthews, G., Campbell, S. E., Falconer, S., Joyner, L. A., Huggins, J., Gilliland, K., Grier, R., & Warm, J. S. (2002). Fundamental Dimensions of Subjective State in Performance Settings: Task Engagement, Distress, and Worry. *Emotion (Washington, D.C.), 2*(4), 315–340. https://doi.org/10.1037/1528-3542.2.4.315

Rodríguez-Torres, R., Leyens, J. P., Pérez, A. R., Rodriguez, V. B., del Castillo, M.

N. Q., Demoulin, S., & Cortés, B. (2005). The lay distinction between primary and secondary emotions: A spontaneous categorization? *International Journal of Psychology, 40*(2), 100–107. https://doi.org/10.1080/00207590444000221

Scherer, K. R. & Ellgring, H. (2007). Multimodal Expression of Emotion: Affect Programs or Componential Appraisal Patterns? *Emotion (Washington, D.C.), 7*(1), 158–171. https://doi.org/10.1037/1528-3542.7.1.158

Yang, W., Jin, S., He, S., Fan, Q., & Zhu, Y. (2015). The impact of power on humanity: self-dehumanization in powerlessness. *PloS One, 10*(5), e0125721–e0125721. https://doi.org/10.1371/journal.pone.0125721

5.2

Jessica de Bloom, J., Kinnunen, U., & Korpela, K. (2014). Exposure to nature versus relaxation during lunch breaks and recovery from work: development and design of an intervention study to improve workers' health, well-being, work performance and creativity. *BMC Public Health, 14*(1), 488–488. https://doi.org/10.1186/1471-2458-14-488

Everaert, J., & Joormann, J. (2019). Emotion Regulation Difficulties Related to Depression and Anxiety: A Network Approach to Model Relations Among Symptoms, Positive Reappraisal, and Repetitive Negative Thinking. *Clinical Psychological Science, 7*(6), 1304–1318. https://doi.org/10.1177/2167702619859342

Ford, M. T., Cerasoli, C. P., Higgins, J. A., & Decesare, A. L. (2011). Relationships between psychological, physical, and behavioural health and work performance: A review and meta-analysis. *Work and Stress, 25*(3), 185–204. https://doi.org/10.1080/02678373.2011.609035

Galanakis, M. D. & Tsitouri, E. (2022). Positive psychology in the working environment. Job demands-resources theory, work engagement and burnout: A systematic literature review. *Frontiers in Psychology, 13*, 1022102–1022102. https://doi.org/10.3389/fpsyg.2022.1022102

Metin, U. B., Taris, T. W., Peeters, M. C. W., van Beek, I., & Van den Bosch, R. (2016). Authenticity at work – a job-demands resources perspective. *Journal of Managerial Psychology, 31*(2), 483–499. https://doi.org/10.1108/JMP-03-2014-0087

Rofcanin, Y., Las Heras, M., Jose Bosch, M., Stollberger, J., & Mayer, M. (2021). How do weekly obtained task i-deals improve work performance? The role of relational context and structural job resources. *European Journal of Work and Organizational Psychology, 30*(4), 555–565. https://doi.org/10.1080/135943 2X.2020.1833858

Sharabi, M. & Harpaz, I. (2010). Improving employees' work centrality improves organizational performance: work events and work centrality relationships.

Human Resource Development International, 13(4), 379–392. https://doi.org/10.1080/13678868.2010.501960

Zhang, F. & Parker, S. K. (2022). Reducing demands or optimizing demands? Effects of cognitive appraisal and autonomy on job crafting to change one's work demands. *European Journal of Work and Organizational Psychology, 31*(5), 641–654. https://doi.org/10.1080/1359432X.2022.2032665

5.3

Brinkborg, H., Michanek, J., Hesser, H., & Berglund, G. (2011). Acceptance and commitment therapy for the treatment of stress among social workers: A randomized controlled trial. *Behaviour Research and Therapy, 49*(6-7), 389–398. https://doi.org/10.1016/j.brat.2011.03.009

Chesak, S. S., Khalsa, T. K., Bhagra, A., Jenkins, S. M., Bauer, B. A., & Sood, A. (2019). Stress Management and Resiliency Training for public school teachers and staff: A novel intervention to enhance resilience and positively impact student interactions. *Complementary Therapies in Clinical Practice, 37*, 32–38. https://doi.org/10.1016/j.ctcp.2019.08.001

Häfner, A., Stock, A., & Oberst, V. (2015). Decreasing students' stress through time management training: an intervention study. *European Journal of Psychology of Education, 30*(1), 81–94. https://doi.org/10.1007/s10212-014-0229-2

Oettingen, G., Kappes, H. B., Guttenberg, K. B., & Gollwitzer, P. M. (2015). Self-regulation of time management: Mental contrasting with implementation intentions. *European Journal of Social Psychology, 45*(2), 218–229. https://doi.org/10.1002/ejsp.2090

Pakenham, K. I., & Stafford-Brown, J. (2013). Postgraduate clinical psychology students' perceptions of an Acceptance and Commitment Therapy stress management intervention and clinical training. *Clinical Psychologist (Australian Psychological Society), 17*(2), 56–66. https://doi.org/10.1111/j.1742-9552.2012.00050.x

5.4

Ashforth, B. E. (1989). The experience of powerlessness in organizations. *Organizational behavior and human decision processes, 43*(2), 207-242.

Doran, G. T. (1981). There's a SMART way to write management's goals and objectives. *Management review, 70*(11), 35-36.

Festinger, L. (1962). *A theory of cognitive dissonance (Vol. 2)*. Stanford university press.

Weintraub, J., Cassell, D., & DePatie, T. P. (2021). Nudging flow through 'SMART'goal setting to decrease stress, increase engagement, and increase performance at work. *Journal of Occupational and Organizational Psychology, 94*(2), 230-258.

5.5

Baltes, P. B. (1997). On the incomplete architecture of human ontogeny: Selection, optimization, and compensation as foundation of developmental theory. *American psychologist, 52*(4), 366.

Festinger, L., & Carlsmith, J. M. (1959). Cognitive consequences of forced compliance. *The journal of abnormal and social psychology, 58*(2), 203.

Festinger, L. (1962). *A theory of cognitive dissonance (Vol. 2)*. Stanford university press.

Janis, I. L., & King, B. T. (1954). The influence of role playing on opinion change. *The journal of abnormal and social psychology, 49*(2), 211.

King, B. T., & Janis, I. L. (1956). Comparison of the effectiveness of improvised versus non-improvised role-playing in producing opinion changes. *Human relations, 9*(2), 177-186.

Peterson, J. C., Smith, K. B., & Hibbing, J. R. (2020). Do people really become more conservative as they age?. *The Journal of Politics, 82*(2), 600-611.

5.6

Kishor, N. (1981). The effect of self-esteem and locus of control in career decision making of adolescents in Fiji. *Journal of Vocational Behavior, 19*(2), 227-232.

Rotter, J. B. (1966). Generalized expectancies for internal versus external control of reinforcement. *Psychological monographs: General and applied, 80*(1), 1.

Saka, N., Gati, I., & Kelly, K. R. (2008). Emotional and personality-related aspects of career-decision-making difficulties. *Journal of Career Assessment, 16*(4), 403-424.

Taylor, K. M. (1982). An investigation of vocational indecision in college students: Correlates and moderators. *Journal of Vocational Behavior, 21*(3), 318-329.

5.7

Boyatzis, R. E. (2014). Possible Contributions to Leadership and Management Development From Neuroscience [Review of Possible Contributions to

Leadership and Management Development From Neuroscience]. *Academy of Management Learning & Education, 13*(2), 300–303. Academy of Management. https://doi.org/10.5465/amle.2014.0084

6.1

Tybur, J. M., Lieberman, D., & Griskevicius, V. (2009). Microbes, mating, and morality: individual differences in three functional domains of disgust. *Journal of personality and social psychology, 97*(1), 103.

6.3

Druschel, B. A., & Sherman, M. F. (1999). Disgust sensitivity as a function of the Big Five and gender. *Personality and Individual Differences, 26*(4), 739-748.

6.4

Harris, R. (2008). *The happiness trap: How to stop struggling and start living.* Trumpeter Books.

6.5

Aron, E. N. (2011). *Psychotherapy and the highly sensitive person: Improving outcomes for that minority of people who are the majority of clients.* Routledge.

Boellinghaus, I., Jones, F. W., & Hutton, J. (2013). Cultivating Self-Care and Compassion in Psychological Therapists in Training: The Experience of Practicing Loving-Kindness Meditation. *Training and Education in Professional Psychology, 7*(4), 267–277. https://doi.org/10.1037/a0033092

Bulger, C. A., Matthews, R. A., & Hoffman, M. E. (2007). Work and Personal Life Boundary Management: Boundary Strength, Work/Personal Life Balance, and the Segmentation-Integration Continuum. *Journal of Occupational Health Psychology, 12*(4), 365–375. https://doi.org/10.1037/1076-8998.12.4.365

Jaeger, B. (2004). Making work work for the highly sensitive person. McGraw-Hill. Nelson, J. R., Hall, B. S., Anderson, J. L., Birtles, C., & Hemming, L. (2018). Self–Compassion as Self-Care: A Simple and Effective Tool for Counselor Educators and Counseling Students. *Journal of Creativity in Mental Health, 13*(1), 121–133. https://doi.org/10.1080/15401383.2017.1328292

6.6

Elliott, R., Bohart, A. C., Watson, J. C., & Greenberg, L. S. (2011). Empathy. *Psychotherapy (Chicago, III.), 48*(1), 43 49. https://doi.org/10.1037/a0022187

Häfner, Alexander., & Hofmann, Sophie. (2023). *Listening for Managers How to Lead More Effectively Through Good Listening Skills* (1st ed. 2023.). Springer Berlin Heidelberg. https://doi.org/10.1007/978-3-662-67624-0

Younger, H. R. (2023). *The art of active listening : how people at work feel heard, valued, and understood* (First edition). Berrett-Koehler Publishers, Inc.

6.7

Baker, F. R. L., Baker, K. L., & Burrell, J. (2021). Introducing the skills-based model of personal resilience: Drawing on content and process factors to build resilience in the workplace. *Journal of Occupational and Organizational Psychology, 94* (2), 458–481. https://doi.org/10.1111/joop.12340

Davis, M. C. (2009). Building Emotional Resilience to Promote Health. *American Journal of Lifestyle Medicine, 3*(1_suppl), 60S-63S. https://doi.org/10.1177/1559827609335152

Hartmann, S., Weiss, M., Newman, A., & Hoegl, M. (2020). Resilience in the Workplace: A Multilevel Review and Synthesis. *Applied Psychology, 69*(3), 913–959. https://doi.org/10.1111/apps.12191

Pahwa, S., & Khan, N. (2022). Factors Affecting Emotional Resilience in Adults. *Management and Labour Studies, 47* (2), 216–232. https://doi.org/10.1177/0258042X211072935

Rees, C. S., Breen, L. J., Cusack, L., & Hegney, D. (2015). Understanding individual resilience in the workplace: the international collaboration of workforce resilience model. *Frontiers in Psychology, 6*, 73–73. https://doi.org/10.3389/fpsyg.2015.00073

7.1

平等機會委員會 (n.d.)。《防止職場性騷擾 - 中小企僱主小錦囊》宣傳小冊子。香港：平等機會委員會。https://www.eoc.org.hk/EOC/Upload/UserFiles/File/publication/booklet/Cover&Content_final_ol_CHI.pdf

Hemenover, S. H. (2003). The good, the bad, and the healthy: Impacts of emotional disclosure of trauma on resilient self-concept and psychological distress. *Personality and Social Psychology Bulletin, 29*(10), 1236-1244.

McDonald, P. (2012). Workplace sexual harassment 30 years on: A review of the literature. *International Journal of Management Reviews, 14*(1), 1-17.

7.2

Dalal Chen (2021)。《如何回應情緒勒索？專家教你「非防禦性溝通」技巧：「如果你繼續攻擊我，事情將會毫無進展。」》。Women's Health 網站。https://www.womenshealthmag.com/tw/mental/relationship/g37845244/fog/

Johnson, R. S. (2018). *Emotional Blackmail: Fear, Obligation and Guilt (FOG)*. Borderline Personality Disorder. https://bpdfamily.com/content/emotionalblackmail-fear-obligation-and-guilt-fog

Forward, S., & Frazier, D. (1997). *Emotional blackmail*. Bantam.

7.3

Abaci, R., and Arda, D. (2013). Relationship between self-compassion and job satisfaction in white collar workers. *Procedia 106* , 2241–2247. https://doi:10.1016/j.sbspro.2013.12.255

Gross, J. J. (1998). Antecedent-and response-focused emotion regulation: divergent consequences for experience, expression, and physiology. *Journal of personality and social psychology, 74*(1), 224.

Kotera, Y., & Van Gordon, W. (2021). Effects of self-compassion training on work-related well-being: A systematic review. *Frontiers in psychology, 12*, 1142.

Mahon, M. A., Mee, L., Brett, D., Dowling, M., and West, H. (2017). Nurses' perceived stress and compassion following a mindfulness meditation and self-compassion training. *J. Res. Nursing 22*, 572–583. https://doi:10.1177/1744987117721596

Simões, D., Simões, S., Espírito-Santo, H., Simões, D., Marques, M., and Lemos, L. (2016). Mental health, self-compassion, organizational virtuosity and commitment in workers from local administration. *Eur. Psychiatry 33*, S519–S520. https://doi: 10.1016/j.eurpsy.2016.01.1924

Fritz, C., Ellis, A. M., Demsky, C. A., Lin, B. C., & Guros, F. (2013). Embracing work breaks. *Organizational Dynamics, 42*(4), 274-280.

7.6

Fletcher, D., & Sarkar, M. (2013). Psychological Resilience: A Review and Critique of Definitions, Concepts, and Theory. *European Psychologist, 18*(1), 12–23. https://doi.org/10.1027/1016-9040/a000124

IJntema, R. C., Schaufeli, W. B., & Burger, Y. D. (2023). Resilience mechanisms at work: The psychological immunity-psychological elasticity (PI-PE) model of psychological resilience. *Current Psychology (New Brunswick, N.J.), 42*(6), 4719–4731. https://doi.org/10.1007/s12144-021-01813-5

Liu, Y., Pan, H., Yang, R., Wang, X., Rao, J., Zhang, X., & Pan, C. (2021). The relationship between test anxiety and emotion regulation: the mediating effect of psychological resilience. *Annals of General Psychiatry, 20*(1), 1–40. https://doi.org/10.1186/s12991-021-00360-4

Zerbe, W. J. (2009). Emotional deviance and organizational discipline: a study of emotions in grievance arbitration. In *Emotions in Groups, Organizations and Cultures* (Vol. 5, pp. 123–149). Emerald Group Publishing Limited. https://doi.org/10.1108/S1746-9791(2009)0000005008

7.7

Reis, H. T., Lemay, E. P., & Finkenauer, C. (2017). Toward understanding understanding: The importance of feeling understood in relationships. *Social and Personality Psychology Compass, 11*(3), e12308–n/a. https://doi.org/10.1111/spc3.12308

Stumpf, S. A., Tymon, W. G., Favorito, N., & Smith, R. R. (2013). Employees and change initiatives: intrinsic rewards and feeling valued. *Journal of Business Strategy, 34*(2), 21-29. https://doi.org/10.1108/02756661311310422

情緒急救站

Ameli, R., (2020). *10-Day Mindfulness Program Manual: What you need to know to get started on the practice of mindfulness.* National Institutes of Health (NIH). https://www.cc.nih.gov/sites/nihinternet/files/internet-files/palliativecare/pdf/MindfulnessManual.pdf

Dobson, K. S., & Dozois, D. J. (Eds.). (2021). *Handbook of cognitive-behavioral therapies.* Guilford Publications.

Feldman, G., Greeson, J., & Senville, J. (2010). Differential effects of mindful breathing, progressive muscle relaxation, and loving-kindness meditation on decentering and negative reactions to repetitive thoughts. *Behaviour research and therapy, 48*(10), 1002–1011. https://doi.org/10.1016/j.brat.2010.06.006

Goldfried, M. R., & Davison, G. C. (1994). *Clinical behavior therapy* (Exp. ed.). John Wiley & Sons.

Matsumoto, M., & Smith, J. C. (2001). Progressive muscle relaxation, breathing exercises, and ABC relaxation theory. *Journal of clinical psychology, 57*(12), 1551-1557.

zik1　coeng4　wai4　lou4

辦公室情緒詞典

吾係心理學家　著

責任編輯　梁嘉俊

裝幀設計　Sands Design Workshop

封面插圖　Sands Design Workshop

排　　版　Sands Design Workshop

印　　務　劉漢舉

出　　版　非凡出版
　　　　　香港北角英皇道 499 號北角工業大廈 1 樓 B
　　　　　電話：(852) 2137 2338　傳真：(852) 2713 8202
　　　　　電子郵件：info@chunghwabook.com.hk
　　　　　網址：http://www.chunghwabook.com.hk

發　　行　香港聯合書刊物流有限公司
　　　　　香港新界荃灣德士古道 220-248 號
　　　　　荃灣工業中心 16 樓
　　　　　電話：(852) 2150 2100　傳真：(852) 2407 3062
　　　　　電子郵件：info@suplogistics.com.hk

印　　刷　美雅印刷製本有限公司
　　　　　香港觀塘榮業街六號海濱工業大廈四樓 A 室

版　　次　2024 年 6 月初版
　　　　　©2024 非凡出版

規　　格　16 開（210mm x 150mm）

I S B N　978-988-8860-84-5